33 DIAS PARA ACALMAR A MENTE E DESPERTAR SUA MELHOR VERSÃO

Dados Internacionais de Catalogação na Publicação (CIP)
(Simone M. P. Vieira – CRB 8ª/4771)

Khoury, Karim
33 dias para acalmar a mente e despertar sua melhor
versão / Karim Khoury. – São Paulo: Editora Senac São Paulo,
2021.

Bibliografia.
ISBN 978-65-5536-716-4 (impresso/2021)
e-ISBN 978-65-5536-717-1 (ePub/2021)
e-ISBN 978-65-5536-718-8 (PDF/2021)

1. Mindfulness   2. Mindfulness – Terapia cognitiva
3. Atenção plena   4. Estresse   I. Título

21-1311t

CDD – 616.89142
BISAC PSY028000

Índice para catálogo sistemático:
1. Mindfulness – Terapia cognitiva   616.89142

33 DIAS PARA ACALMAR A MENTE E DESPERTAR SUA MELHOR VERSÃO

Karim Khoury

EDITORA SENAC SÃO PAULO · SÃO PAULO · 2021

SUMÁRIO 33 DIAS...

Nota do **EDITOR**, 7

INTRODUÇÃO | "É o que temos para hoje", 11

DIA 1
Reconectar-se com o momento presente, 19

DIA 2
Simplesmente ser para vivenciar o momento presente, 23

DIA 3
Ter consciência do corpo, 31

DIA 4
Reconhecer obstáculos e lidar com eles, 37

DIA 5
Escutar com atenção plena, 43

DIA 6
Alimentar-se com atenção plena, 47

DIA 7
Fazer uma coisa por vez com atenção plena, 53

DIA 8
Tomar decisões conscientes, 59

DIA 9
Caminhar com atenção plena, 65

DIA 10
Libertar-se da influência dos custos perdidos, 71

DIA 11
Separar a dor do sofrimento, 77

DIA 12
Ver os pensamentos como pensamentos, 83

DIA 13
Tomar consciência das reclamações, 89

DIA 14
Usar conscientemente a tecnologia, 93

DIA 15
Acolher as
emoções, 99

DIA 16
Espaço de
respiração de
3 minutos, 105

DIA 17
Apreciar as
coisas no
momento
presente, 111

DIA 18
R.A.I.N.
para lidar
com emoções
difíceis, 115

DIA 19
Arrumação
consciente, 119

DIA 20
Gratidão, 125

DIA 21
Expressar
a gratidão
para outras
pessoas, 129

DIA 22
Bondade
em ação, 133

DIA 23
Empatia, 137

DIA 24
Bondade
amorosa, 143

DIA 25
Discurso
amoroso para
cultivar a
segurança
psicológica, 149

DIA 26
Fazer e
aceitar elogios
sinceros, 157

DIA 27
Relacionar-se
com atenção
plena, 163

DIA 28
Contar a
verdade com
gentileza, 169

DIA 29
Enfrentar
desafios
com atenção
plena, 175

DIA 30
Respiração
7/11 com efeito
calmante, 183

DIA 31
Acalmar
emoções
intensas, 187

DIA 32
Perdão, 191

DIA 33
Atenção plena
para despertar
sua melhor
versão, 197

REFERÊNCIAS, 203
ÍNDICE, 207

NOTA DO EDITOR

As profundas transformações mundiais a partir de 2020 colocaram, na pauta de pesquisas e estudos em diversas áreas do conhecimento, o *como será o futuro*. Mas, para todas as pessoas – não apenas pesquisadores e estudiosos –, talvez nunca tenha tido tanta importância o presente. Pois, ao mesmo tempo que traz respostas para o futuro desafiador, esse presente nos coloca desafios diários em forma de acúmulo de tarefas, preocupação e, muitas vezes, ansiedade.

Nesse contexto, o *mindfulness*, cujo princípio é a atenção ao aqui e agora, ganha relevância. Essa é a razão de o Senac São Paulo trazer este livro para o público em geral.

Cada uma das 33 práticas de *mindfulness* apresentadas nas páginas a seguir tem um foco. Só para citar alguns: respiração com efeito calmante, tomada de decisão, alimentação consciente, perdão. Mas todas convergem para um mesmo conceito: a atenção ao presente. "Como somos levados facilmente pelos nossos pensamentos; tendemos a remoer o passado e nos preocuparmos excessivamente com o futuro", explica o autor, Karim Khoury.

O Senac lança este livro com o propósito de que os leitores possam despertar sua melhor versão não apenas para o hoje, mas também como uma mudança de impacto duradouro, em âmbito pessoal e profissional.

Para você, leitora, leitor,
QUE ME INSPIRA A DESPERTAR
MINHA MELHOR VERSÃO.

PARA ALÉM DA CURVA DA ESTRADA

Para além da curva da estrada
Talvez haja um poço, e talvez um castelo,
E talvez apenas a continuação da estrada.
Não sei nem pergunto.
Enquanto vou na estrada antes da curva
Só olho para a estrada antes da curva,
Porque não posso ver senão a estrada antes da curva.
De nada me serviria estar olhando para outro lado
E para aquilo que não vejo.
Importemo-nos apenas com o lugar onde estamos.
Há beleza bastante em estar aqui e não noutra parte qualquer.
Se há alguém para além da curva da estrada,
Esses que se preocupem com o que há para além da curva da estrada.
Essa é que é a estrada para eles.
Se nós tivermos que chegar lá, quando lá chegarmos saberemos.
Por ora só sabemos que lá não estamos.
Aqui há só a estrada antes da curva, e antes da curva
Há a estrada sem curva nenhuma.

ALBERTO CAEIRO
Alberto Caeiro é um dos heterônimos
(personalidades literárias) do poeta português
Fernando Pessoa (1888-1935).

INTRODUÇÃO

"É o que temos para hoje"

Reflita um instante sobre as coisas nas quais você tem prestado atenção ultimamente. Você dirige sua atenção para eventos que estão fora do seu controle ou procura prestar atenção no que acontece no momento, sem brigar com a realidade? Por incrível que pareça, nem sempre *prestamos atenção naquilo em que prestamos atenção*, e isso tem um impacto essencial sobre nossa qualidade de vida e nossa saúde mental. O conceito de atenção plena, consciência plena ou *mindfulness* consiste em perceber a realidade como ela é, sem julgamento. Dirigir a atenção ao momento presente sem atribuir juízo de valor é libertador. "Brigar" com a realidade só aumenta a tensão, uma vez que tendemos a reclamar de coisas que estão fora do nosso controle.

Suponha que esteja chovendo e você considere isso irritante. O fato de reclamar da chuva não vai fazer com que ela pare. Em vez de nos perdermos em pensamentos que tendem a impactar negativamente o nosso estado emocional, quando desenvolvemos a habilidade de lidar com a situação na forma como ela se apresenta, utilizando a abordagem "É o que temos para hoje", abrimos as portas para prestar atenção aos aspectos que estão, de fato, sob o nosso controle.

Mindfulness consiste em trazer repetidamente a sua atenção para o que acontece no momento presente, sem brigar com a realidade. Em outras palavras, a atenção plena significa estar consciente do que está acontecendo no aqui e agora. Ao prestar atenção, cria-se espaço entre o que está acontecendo neste momento e a reação que se segue. Se sentirmos uma emoção como a raiva, a atenção nos ajudará a parar por alguns instantes e a prestar atenção na experiência, sem reagir a ela de imediato.

A atenção plena tem suas origens nos ensinamentos budistas e vem se desenvolvendo ao longo de mais de dois mil e quinhentos anos. Em 1990, o norte-americano Jon Kabat-Zinn publicou o livro *Full catastrophe living*,[1] no qual descreve o programa de oito semanas de redução do estresse baseado em *mindfulness*, conhecido como MBSR (sigla de *Mindfulness-Based Stress Reduction*). Nessa obra, Kabat-Zinn, que é doutor em biologia molecular pelo Massachusetts Institute of Technology (MIT), apresenta uma abordagem secular (isto é, não religiosa) sobre o tema.

Atualmente, a aplicação da atenção plena abrange diversas situações, como redução do estresse e da ansiedade, prevenção de recaídas para pessoas com histórico de depressão, educação de filhos, alimentação consciente, ensino e liderança, entre outras. As pesquisas científicas mais recentes sobre o tema podem ser encontradas no site da American Mindfulness Research Association (AMRA).[2]

Eu atuo há mais de trinta anos com desenvolvimento pessoal e formação de líderes e sou instrutor de atenção plena. Sou formado em administração de empresas, autor, palestrante e *coach* profissional. Como instrutor de atenção plena, tive a oportunidade de trabalhar com os mais variados públicos: profissionais liberais, da saúde, da educação, adolescentes e até crianças.

Desde que optei por seguir carreira na área de treinamento e desenvolvimento, assumi o compromisso de ser transparente e honesto com o meu público. Não basta ler o livro para vivenciar os benefícios da atenção plena; é preciso praticar. O meu desafio, com esta obra, é inspirar você a fazer o mesmo em sua rotina, diariamente.

---

1 No Brasil, o livro foi publicado em 2017 com o título *Viver a catástrofe total: como utilizar a sabedoria do corpo e da mente para enfrentar o estresse, a dor e a doença*.
2 Disponível em: https://goamra.org. Acesso em: 26 maio 2021.

Eu consegui integrar as práticas ao meu dia a dia, e você também pode fazê-lo. Tenho certeza de que compartilhamos muitas coisas: sou casado (com Silmara), tenho uma filha (Stella), adoro nadar, faço musculação e corrida. Estudo muito para preparar aulas, treinamentos e palestras e pratico atenção plena. Assim como você, enfrento os desafios de viver em uma sociedade superestimulante, que disputa, o tempo todo, a nossa atenção. Acredito que a nossa atenção seja o bem mais precioso que possuímos, e por esse motivo é tão importante cuidar com carinho desse recurso.

A prática frequente da atenção plena traz vários benefícios. Além daqueles que já citamos (reduzir o estresse e a ansiedade, prevenir recaídas em casos de depressão), a atenção plena gera maior nível de empatia – consigo e com os outros – e mais entusiasmo pela vida. Para mim, um dos grandes benefícios do *mindfulness* é aumentar a nossa consciência do momento presente, que nos permite viver o aqui e agora. Nós somos levados facilmente pelos nossos pensamentos; tendemos a remoer o passado e nos preocuparmos excessivamente com o futuro. E, enquanto isso, a vida passa sem que estejamos, de fato, "presentes".

John Lennon descreveu esse conceito de maneira brilhante com seus famosos versos *"A VIDA É O QUE ACONTECE / ENQUANTO VOCÊ ESTÁ OCUPADO FAZENDO OUTROS PLANOS"*.[3] Isso não significa que você vai deixar de pensar no passado ou não vai mais fazer planos para o futuro. Com as práticas da atenção plena, a ideia é que você se torne capaz de identificar quando se perde nos seus pensamentos; torne-se capaz de planejar o futuro de forma consciente e de investigar o passado com curiosidade.

---

3   *Life is what happens to you/ While you're busy making other plans*, trecho da música "Beautiful boy (Darling boy)".

O QUE VOCÊ PRECISA SABER AO LER ESTE LIVRO

≡ COMO VOCÊ JÁ DEVE TER NOTADO, OPTO POR USAR A PALAVRA "PRÁTI-CA" EM VEZ DE "MEDITAÇÃO". A atenção plena não é uma religião, e, como é possível atribuir vários significados para a palavra "meditação", para evitar confusões adoto o termo "prática".

≡ A PRÁTICA DA ATENÇÃO PLENA PRESSUPÕE ACALMAR O CORPO PARA ACALMAR A MENTE. Ao prestar atenção às informações enviadas pelos seus sentidos, você está treinando a sua atenção. Quando perceber pensamentos invadindo a sua mente, deixe que passem como nuvens no céu e reoriente o seu foco de atenção para aquilo que foi escolhido por você para prestar atenção – por exemplo, seus passos, sua respiração...

≡ DURANTE AS PRÁTICAS, DEMONSTRE GRATIDÃO E SEJA GENTIL CONSI-GO CADA VEZ QUE VOCÊ SE PERDER EM SEUS PENSAMENTOS. Afinal de contas, o primeiro passo para "voltar ao momento presente" é perceber a distração.

≡ ESCOLHI 33 PRÁTICAS PARA GUIAR VOCÊ NO SEU AUTOCONHECIMEN-TO. Elas são bem diversificadas e abrangem estratégias para aumentar a consciência a respeito do seu corpo, para perdoar os outros e sobre como despertar a sua melhor versão.

≡ MUITAS DESSAS ESTRATÉGIAS EU UTILIZO EM MEUS TREINAMENTOS E SUGIRO QUE TODOS OS PARTICIPANTES CONTINUEM A PRATICÁ-LAS DEPOIS.

≡ PERMITA-SE PRATICAR: ISSO SIGNIFICA SE LIBERTAR DOS SEUS PRÉ--CONCEITOS E SE DEIXAR GUIAR PELA SUA EXPERIÊNCIA DO MOMEN-TO. Em outras palavras: pratique, não critique.

≡ A IDEIA É QUE VOCÊ POSSA PRATICAR 33 DIAS SEQUENCIALMENTE. Assim, será possível se familiarizar com os conceitos e aplicá-los em sua vida de forma natural.

- **E SE VOCÊ NÃO CONSEGUIR PRATICAR TODOS OS DIAS? E SE VOCÊ DE-SEJAR PULAR ALGUMAS PRÁTICAS? TUDO BEM, "É O QUE TEMOS PARA HOJE".** A culpa não faz parte da nossa jornada. Eu escrevi este livro com o propósito de que ele seja uma oportunidade para o seu autoconhecimento e o seu desenvolvimento, e não mais um fardo a ser carregado ou uma obrigação a ser cumprida. Divirta--se, reconheça a presença do desafio e siga adiante.

- **NÃO TENHO A INTENÇÃO DE QUE VOCÊ ABSORVA TUDO DE UMA SÓ VEZ.** Talvez você se identifique mais com algumas práticas do que com outras. Tudo bem. Faça anotações e retome sempre que desejar. O importante é praticar.

- Em cada capítulo, você vai encontrar a seguinte estrutura para despertar o seu interesse:

  - uma citação relacionada com o tema;
  - a descrição da prática em si;
  - questões convidando a uma reflexão, para promover seu autoconhecimento.

Caso você esteja com disposição para cultivar a calma em uma sociedade superestimulante, melhorar sua saúde mental, libertar-se de maus hábitos e despertar a sua melhor versão, este livro é para você! Aproveite a oportunidade de prestar atenção ao que funciona para você, valorize a sua experiência e confie no processo.

Boa leitura!

Ser bonito significa ser você mesmo.
Você não precisa ser aceito pelos outros.
Você precisa se aceitar.

THICH NHAT HANH

DIA 1

Reconectar-se com o momento presente

QUANDO ESTIVER TOMANDO BANHO, VERIFIQUE SE VOCÊ REALMENTE ESTÁ NO BANHO. PODE SER QUE JÁ ESTEJA EM REUNIÃO DE TRABALHO. TALVEZ ATÉ A REUNIÃO INTEIRA ESTEJA NO BANHO JUNTO DE VOCÊ.

JON KABAT-ZINN

Mindfulness refere-se à atenção para o aqui e agora. Atenção para as coisas que estão acontecendo neste exato momento. Isso pode parecer fácil, mas quantas vezes nossos pensamentos nos fazem viajar para longe? Alguma vez você já tomou banho ou fez outra atividade e percebeu que sua mente estava em outro lugar?

Praticar atenção plena consiste em nos darmos conta de que "viajamos" sendo levados pelos nossos pensamentos e optarmos por "voltar", para nos reconectarmos com o momento presente, por meio dos nossos sentidos. Talvez você já tenha precisado reler um parágrafo de um texto, até mesmo deste livro, porque se distraiu ou se perdeu.

PRÁTICA DE SE RECONECTAR AO MOMENTO PRESENTE

Vamos pegar um exemplo muito fácil de aplicar no dia a dia: o banho.

Quando você perceber que a sua mente divagou ou se distraiu do momento presente, use os sentidos a seu favor para se reconectar com o momento presente. Quando você perceber sua mente invadida por pensamentos, traga sua atenção suavemente de volta para os seus sentidos ou para a sua respiração.

Não procure dominar seus pensamentos. A ideia da prática é simplesmente identificar quando você se desconectou do momento presente. Você pode, por exemplo, decidir prestar atenção na sua respiração ou em alguns dos seus sentidos.

- **TATO.** Sinta o contato da água ou do sabonete no seu corpo, da espuma de banho, do seu corpo na banheira. Preste atenção na temperatura da água, nas sensações dos seus pés no chão ou na banheira.
- **OLFATO.** Sinta o cheiro do seu sabonete ou do seu xampu.
- **AUDIÇÃO.** Escute os sons da água do chuveiro ou do ambiente.
- **VISÃO.** Preste atenção ao que você vê enquanto toma banho.

Antes que você se preocupe: tomar banho com atenção plena tende a economizar água, pois, quando nos perdemos nos nossos pensamentos, também tendemos a perder a noção do tempo e do consumo de água.

IDEIAS PARA PRATICAR

Durante três momentos do dia, escolha uma atividade e identifique quando a sua mente se distrai do que você está fazendo. Escreva o que você fez para reorientar a sua atenção ao momento presente.

Veja o exemplo a seguir.

≡ ATIVIDADE: Tomar banho.

≡ DISTRAÇÃO: Pensei na reunião de trabalho.

≡ O QUE FIZ PARA REORIENTAR MINHA ATENÇÃO AO MOMENTO PRESENTE: Prestei atenção no contato da água com o meu corpo durante o banho.

REFLEXÃO

Ao se reconectar com o momento presente, você identificou alguma atividade na qual se distrai com maior facilidade?

Esta prática contribuiu para identificar quando você se perde nos seus pensamentos?

DIA 2

Simplesmente ser para vivenciar o momento presente

TOME CUIDADO COM O VAZIO
DE UMA VIDA OCUPADA DEMAIS.

SÓCRATES

A nossa mente tem dois mecanismos de funcionamento: o "modo fazer", orientado para alcançar objetivos, e o "modo ser", que nos permite estar plenamente conscientes do nosso estado (o físico, o emocional e o psicológico) e, assim, prestar atenção aos detalhes do que está acontecendo no momento presente.

Os dois mecanismos são úteis nas nossas vidas de formas diferentes. Por esse motivo, é importante ter consciência deles, para fazer escolhas conscientes.

Nós alternamos esses modos mentais diariamente em tudo o que fazemos, e não há nada de errado nisso. Suponha que você decida nadar. Se você estiver no modo mental "fazer", o seu objetivo será melhorar o seu desempenho. Nesse caso, você vai contar quantos metros nadou em determinado tempo.

Se estiver no modo mental "ser", você irá nadar e prestará atenção a todas as sensações do seu corpo enquanto se movimenta na água, a todos os detalhes desse momento, e provavelmente vai aproveitar ainda mais a experiência. Nesse modo, você não busca alcançar objetivo algum.

Destaco aqui que o "modo ser" não significa não fazer nada. Quando está fazendo qualquer coisa com *atenção plena* (por exemplo, uma caminhada), você está no modo mental "ser". Caminhar com atenção plena significa ficar atento a todos os seus sentidos (o que você ouve, cheira, sente, escuta, toca, vê) e ao que acontece ao seu redor (crianças correndo, cachorros latindo, por exemplo). Isso não significa que você não terá pensamentos durante a caminhada. Você perceberá a presença deles e vai voltar a prestar atenção aos seus sentidos e ao que está acontecendo ao seu redor.

Se você fizer uma caminhada como mais um objetivo a ser alcançado, e se você continuar a pensar em todos os problemas a serem resolvidos enquanto caminha, você estará no "modo fazer". Você estará caminhando, porém com a mente em outro lugar.

Alguma vez você já acordou no meio da noite pensando em algo que deverá fazer no dia seguinte? Ou deixou um caderno ao lado para anotar e não esquecer algo que deverá ser feito? Ou faz listas para garantir que vai se lembrar de tudo a ser feito? Você já ficou cansado só por ler uma lista de afazeres?

Na maior parte do tempo, o mecanismo de ação nos move; o modo mental "fazer" tem foco em alcançar objetivos. É um mecanismo muito importante que nos permite realizar coisas. Sem ele, não seríamos capazes de executar tarefas básicas, como concluir a leitura de um texto ou terminar a ação de escovar os dentes. Sem o "modo fazer", eu não teria finalizado o livro que você está lendo agora.

CARACTERÍSTICAS DO "MODO FAZER"

No livro *Manual prático de mindfulness*, o psicólogo John Teasdale lista o que ele classificou como as principais características do modo mental "fazer". São as sete descritas a seguir.

- A MAIOR PARTE DAS AÇÕES ACONTECE AUTOMATICAMENTE. Na maior parte do tempo, você não está, de fato, consciente do que está fazendo. Por exemplo, você pode comer, andar e falar sem prestar muita atenção ao que está fazendo. Uma tarefa é concluída depois da outra no "piloto automático".

- VOCÊ NÃO ESTÁ ENGAJADO NO AGORA COM OS SEUS SENTIDOS. Você está perdido em pensamentos em vez de ter foco no momento presente. É como se estivesse almoçando e, enquanto come o prato principal, pensa na sobremesa.

- VOCÊ SE CONCENTRA NO PASSADO OU NO FUTURO. Você busca alcançar objetivos ou resolver problemas mesmo sem estar consciente disso. Você se concentra em lembranças de situações semelhantes do passado, buscando orientações, ou está pensando em como as coisas deveriam ser no futuro, pois tem foco no resultado desejado.

- VOCÊ PROCURA EVITAR EXPERIÊNCIAS DESAGRADÁVEIS. O "modo fazer" da mente é o modo da eficiência; o foco é a conclusão de tarefas. Você estabelece objetivos e faz o possível para atingi-los. Você mantém na mente o que deve ser evitado.

- VOCÊ REQUER QUE AS COISAS SEJAM DIFERENTES. Você tem consciência de como as coisas são e de como deveriam ser. No modo mental "fazer" você estabelece um objetivo para consertar ou corrigir algo. O mecanismo fazer é dedicado à mudança: como estabelecemos comparações entre o estado atual e o objetivo desejado, concentramo-nos em querer que as coisas sejam diferentes.

- VOCÊ CONSIDERA OS PENSAMENTOS E IDEIAS COMO VERDADEIROS. Como o foco é alcançar resultados, você aceita algo como se fosse uma verdade absoluta e segue em frente sem fazer questionamentos, pois isso poderia "desviá-lo da sua rota" para obter o resultado desejado.

- VOCÊ PRIORIZA O ALCANCE DO OBJETIVO E DESCONSIDERA QUALQUER OUTRA COISA. Você desconsidera, inclusive, a sua saúde e o seu bem-estar pessoal. O seu foco é o destino final.

CARACTERÍSTICAS DO "MODO SER"

O mecanismo do modo mental "ser" é outro. A nossa mente está concentrada no momento presente, e estamos abertos para aceitar que a experiência aconteça na forma como se apresenta, sem tentarmos mudá-la. A atenção plena cultiva o "modo ser": nós reconhecemos em que ponto estamos no momento presente sem fazer juízo de valor. Assim como no modo mental "fazer", o autor Teasdale listou as sete características do "modo ser".

- ☰ VOCÊ AGE DE MANEIRA INTENCIONAL, E NÃO AUTOMÁTICA. Você decide sobre aquilo em que vai prestar atenção. Você pode escolher o que vai fazer, em vez de agir de forma mecânica.

- ☰ VOCÊ ESTÁ ENGAJADO COM SEUS SENTIDOS. Você tem atenção plena quanto à visão, à audição, ao olfato, ao tato ou ao paladar. Você está consciente dos seus pensamentos, mas não está muito apegado e eles. Por exemplo, se estiver almoçando o prato principal, você prestará atenção plena no que está comendo, e isso lhe permitirá saboreá-lo. Você só vai pensar na sobremesa ou em qualquer outra coisa depois de terminar o prato principal.

- ☰ VOCÊ SE CONCENTRA NO MOMENTO PRESENTE. Você presta atenção ao que está acontecendo e percebe quando se distrai, ou seja, quando sua mente tem pensamentos sobre o passado e o futuro.

- ☰ VOCÊ ESTÁ ABERTO PARA EMOÇÕES AGRADÁVEIS, DESAGRADÁVEIS E NEUTRAS. Você demonstra interesse e curiosidade por todas as experiências.

- ☰ VOCÊ PERMITE QUE AS COISAS SEJAM COMO SÃO. Ser é simplesmente permitir que as coisas sejam apenas como são. Isso não é resignação; você aceita como as coisas são antes de agir para mudá-las.

- ☰ VOCÊ VÊ OS PENSAMENTOS COMO EVENTOS MENTAIS QUE ENTRAM EM SUA MENTE E SAEM DELA. Os pensamentos são uma parte da experiência: você tem sensações, você escuta, você vê, você tem sentimentos, e tudo acontece simultaneamente. Você reconhece que pensamentos não são fatos e não representam a verdade sobre "como as coisas realmente são".

≡ **VOCÊ CONSIDERA NECESSIDADES MAIS AMPLAS ALÉM DO ALCANCE DO OBJETIVO.** Você valoriza o momento, e não só o objetivo final. Você leva em conta o seu bem-estar e o das outras pessoas para alcançar determinado resultado. Você aproveita o trajeto da viagem, e não só o destino final.

SINAIS DE ALERTA

O modo mental "fazer" é extremamente eficaz para realizar coisas. Muitos de nossos comportamentos resultam de hábitos repetidos que se tornam automatizados. E isso é muito útil: nós consideramos que alguém aprendeu algo muito bem quando é capaz de fazê-lo automaticamente, sem pensar.

Quando executamos algo no "piloto automático", não precisamos pensar conscientemente sobre isso e podemos dirigir nossa atenção para outra coisa. Esse mecanismo poupa energia e permitiu nossa evolução como seres humanos. Imagine se você precisasse pensar sobre cada movimento do seu corpo enquanto dirige ou caminha. Essas atividades envolvem centenas de músculos, e pensar sobre cada um deles seria desgastante.

Nossos padrões de pensamento e de comportamento também podem nos causar problemas. Certos hábitos podem não ser mais adequados, e nem sempre nos damos conta disso. Essa falta de consciência pode impactar negativamente nossas vidas.

Por isso, preste atenção às situações apresentadas a seguir.

≡ **ÀS VEZES, CONTINUAMOS A FAZER COISAS QUANDO ISSO NÃO É MAIS NECESSÁRIO (EM GERAL, ANTES DE DORMIR).** Alguma vez você já teve dificuldade em desligar a mente porque continuava a pensar em coisas que tinha de fazer?

≡ **VOCÊ ALCANÇA OBJETIVOS E PAGA UM PREÇO MUITO ALTO POR ISSO.** Alguma vez você já ficou doente ao alcançar um objetivo porque não dedicou atenção ao seu estado (físico, emocional e psicológico) durante o processo?

- **VOCÊ SE SENTE FRUSTRADO POR SE LEMBRAR DE QUE AINDA NÃO CHEGOU AO SEU DESTINO.** Quando aplicado aos estados emocionais, o modo mental "fazer" não é útil, porque ele tem como foco um resultado desejado. Você vai se lembrar constantemente de que "ainda não chegou lá", e isso poderá gerar ainda mais frustração. Você é lembrado de que está infeliz agora, e pensar no estado emocional desejado faz com que você se sinta ainda mais infeliz. Você já se sentiu triste ou frustrado por pensar na lacuna entre o que sente agora e o estado de felicidade desejado?

- **VOCÊ FAZ COISAS DEMAIS COMO UM MECANISMO DE DEFESA OU DE FUGA.** Enquanto você está "fazendo" coisas, você tenta se livrar ou suprimir emoções. Isso pode funcionar em curto prazo, mas elas vêm à tona novamente. Nós tendemos a fazer coisas demais e poderemos ter o sentimento de que nunca fazemos o bastante e ficar exaustos sem nos darmos conta. Em geral, passamos mais tempo no "modo fazer" do que no "modo ser". Ironicamente, às vezes corremos atrás de objetivos que não têm nada a ver conosco. Você já teve a impressão de ter passado o dia sem tempo para respirar? As coisas não precisam ser assim.

PRÁTICA DE SIMPLESMENTE SER PARA VIVENCIAR O MOMENTO PRESENTE

- **AO REALIZAR UMA TAREFA,** esteja plenamente consciente do seu estado (o físico, o emocional e o psicológico) e preste atenção aos detalhes do que está acontecendo no momento presente. Caso o seu corpo dê sinais de que você está ultrapassando um limite saudável, respeite-os: talvez seja hora de desacelerar.

- **FAÇA UMA LISTA** das coisas que tem a fazer e estabeleça prioridades. Como afirmou o consultor Ram Charan no livro *Know-how*, ter muitas prioridades é o mesmo do que não ter nenhuma.

- **IDENTIFIQUE SE VOCÊ PODE SIMPLIFICAR** algo na sua rotina.

- **FAÇA UMA COISA POR VEZ** com atenção plena, isto é, oriente toda a sua atenção para a atividade em si. Caso você se distraia, reoriente suavemente sua atenção para a atividade que você estava fazendo. Fazer uma coisa com atenção plena tende a reduzir erros e evita retrabalho. Você já contabilizou quanto tempo gasta para refazer algo que não foi bem executado na primeira vez?

- **FAÇA PAUSAS** entre uma atividade e outra. Pratique esse conceito com a rotina de atividades dos seus filhos também.

- **QUANDO CONCLUIR UM PROJETO** ou uma atividade, faça uma pausa para celebração. Não atropele esse momento dirigindo o seu foco para a próxima tarefa a ser concluída. Quando você se sentir feliz ou realizado, reserve alguns momentos de silêncio para vivenciar esse sentimento.

IDEIAS PARA PRATICAR

Quando você se encontrar diante de uma situação emocionante, de "tirar o fôlego" ou da qual você goste muito — por exemplo, apreciar uma obra de arte ou uma bela paisagem, brincar com uma criança, reencontrar um amigo —, procure vivenciar esse momento com todos os seus sentidos (visão, audição, olfato, tato, paladar). Preste atenção a todos os detalhes da experiência. Não é o momento de tirar fotos, de se distrair com comentários desnecessários, de se perder em seus pensamentos. Simplesmente, vivencie essa experiência sem julgamentos ou expectativas e desfrute de cada momento.

REFLEXÃO

Vivenciar uma experiência positiva com todos os seus sentidos tornou-a mais intensa?

Você se sente capaz de fazer mais pausas para vivenciar esses momentos?

DIA 3

Ter consciência do corpo

— APRENDI A VIVER O MOMENTO PRESENTE.
— COMO? — PERGUNTOU O MENINO.
— ENCONTRO UM LUGAR TRANQUILO,
FECHO OS OLHOS E RESPIRO.

CHARLIE MACKESY

Uma das práticas essenciais da atenção plena é a consciência do corpo ou *o body scan* ("escaneamento corporal"). Nela, você presta atenção nas diferentes partes do seu corpo, uma a uma, em sequência, dos pés à cabeça, ou vice-versa.

Como dissemos antes, praticar a atenção plena significa dirigir a nossa atenção para o que fazemos ou percebemos neste momento por meio dos nossos sentidos, sem fazer julgamentos do tipo "Isso é bom" ou "Isso é ruim". Explicando de outra maneira: ao acalmar o corpo, você acalma as emoções.

Uma das maneiras de tranquilizar uma mente agitada é direcionar intencionalmente a nossa atenção para o que percebemos no momento presente.

Existem muitas coisas acontecendo simultaneamente no seu corpo, e os seus sentidos – a audição, a visão, o tato, o olfato e o paladar – lhe transmitem muitas informações. Além disso, muitos pensamentos passam pela sua mente.

No livro *Atenção plena*, o instrutor de *mindfulness* Padraig O'Morain afirma que vivemos na "era do corpo desprestigiado". Ele quer dizer, em outras palavras, que vivemos muito mais na mente do que no corpo, diferentemente do que acontecia nas gerações anteriores. Segundo O'Morain, o preço que pagamos por isso é a perda de contato com o corpo e, em última análise, conosco. O autor afirma, ainda, que o *mindfulness* – a consciência plena – nos conecta outra vez ao corpo. Apesar de ter *mind* ("mente") na denominação, a prática nos liga muito mais ao corpo do que aos pensamentos.

Uma vez que a atenção plena envolve o trazer repetidamente a atenção para o que acontece no momento presente, você aprende a dirigir o seu foco de atenção para onde escolher: você pode prestar atenção à sua respiração, às sensações físicas, aos movimentos do seu corpo ao caminhar, ou para ver os detalhes do que existe ao seu redor.

Qualquer que seja o seu foco de atenção, a sua mente pode ser invadida por pensamentos. Nossa mente tende a pular de um pensamento para outro, e com frequência nós a seguimos, mesmo sem perceber. A proposta da atenção plena consiste em reconhecer a presença dos pensamentos e direcionar repetidamente, com delicadeza, o foco de atenção para aquilo que escolhemos – por exemplo, a respiração. Esse é o treino de atenção. É simples assim.

Nesse contexto, os pensamentos são "distrações" no processo de sustentar a atenção. A ideia é retornar o nosso foco de atenção com suavidade para as nossas percepções físicas sempre que nos distrairmos com nossos pensamentos. *Mindfulness* privilegia dar mais atenção ao que está acontecendo em seu corpo no momento presente do que aos pensamentos que passam pela sua cabeça.

A terapeuta ocupacional e instrutora de *mindfulness* Sarah Silverton explica essa abordagem no livro *A revolução mindfulness*, afirmando que a atenção plena não exige que trabalhemos com os pensamentos.

Diferentemente disso, a atenção plena nos convida a desenvolver um lugar estável a partir do qual possamos enxergar os pensamentos com clareza. Nesse caso, nós permitimos que os pensamentos existam sem os bloquear nem lhes dar muita importância. Existem muito mais coisas acontecendo com seu corpo no momento além dos seus pensamentos. Os pensamentos são úteis, entretanto eles se tornam problemáticos quando divagamos neles em situações nas quais deveríamos estar atentos.

Em qualquer prática de atenção plena, quando você perceber um pensamento invadir sua mente, não imagine que existe algo errado com você. A mente foi programada para pensar! Nesse caso, substitua a irritação por gratidão: afinal de contas, você foi capaz de perceber o momento em que foi levado por um pensamento, perdendo o foco, e está praticando um estilo de vida mais atento e consciente. Simplesmente volte a prestar atenção ao que você escolheu, sem se criticar. A conscientização a respeito da sua distração é o primeiro passo para você voltar a se concentrar.

O conceito da atenção plena é simples, mas isso não significa que você não vai enfrentar desafios. É surpreendente como ficar apenas parado – seja sentado, seja deitado – durante 15 minutos, sem qualquer distração por estímulos externos, pode ser muito desafiador.

Parar e ficar parado prestando atenção às sensações físicas pode não ser uma experiência agradável, gerando aversão em algumas pessoas. Isso pode ocorrer por vários motivos, principalmente o de que, quando fica parado sem estímulos externos, você entra em contato com o que está acontecendo no momento e pode perceber emoções e pensamentos que talvez esteja evitando faz muito tempo.

A estratégia de fazer coisas o tempo todo, sem criar pausas para *simplesmente ser*, também pode se constituir em uma forma de evitar enfrentar desafios ou mesmo um hábito que contribui para vivermos em um estado de ansiedade permanente. As coisas não precisam ser assim. Nós tendemos a ser superestimulados para o que acontece no nosso mundo interior, e as práticas da atenção plena contribuem para promover um sentimento de equilíbrio e estabilidade.

DIA 3. TER CONSCIÊNCIA DO CORPO

PRÁTICA DA CONSCIÊNCIA DO CORPO

A minha intenção é apresentar uma introdução a essa prática de observação do corpo. Você pode começar com 15 minutos e aumentar o tempo progressivamente. A prática pode ser feita sentado ou deitado (de costas) A ideia é você prestar atenção ao que acontece no momento presente, sem julgar nada.

Realize as etapas conforme indicado a seguir.

- **1.** Caso esteja sentado, mantenha uma postura confortável, porém alerta e sem tensão. Deixe seus pés planos e não cruze as pernas. Apoie as mãos nas coxas, de preferência com as palmas para baixo.

- **2.** Se você estiver deitado, coloque um travesseiro debaixo da cabeça para ficar confortável e alerta. Afaste um pouco as pernas. Dobre e levante os joelhos, deixando-os apoiados em um travesseiro se for mais confortável para você.

- **3.** Preste atenção às sensações presentes no seu corpo: calor, frio, formigamento, umidade, pulsação, tensão, peso, rigidez, etc.

- **4.** É absolutamente normal você não ter qualquer sensação em determinadas partes do seu corpo. Observe se isso acontece por alguns instantes e siga adiante.

- **5.** Preste atenção à manifestação física das emoções. A raiva pode provocar um aperto na garganta ou no peito, por exemplo.

6. Comece dirigindo sua atenção para o peso do seu corpo e para onde ele faz contato com a cadeira ou com o colchão.

7. Se você se distrair com algum pensamento, ou com qualquer outra coisa, reoriente suavemente sua atenção para as sensações do seu corpo.

8. Em seguida, preste atenção aos dedos dos seus pés e vá subindo: calcanhares, panturrilhas, joelhos, coxas, quadris, lombar, costas, barriga, peito, ombros, braços e mãos. Verifique se os dois lados do seu corpo estão equilibrados.

9. Em seguida, foque sua atenção no pescoço, na garganta, no queixo, na boca. Sinta a língua encostando nos dentes e no céu da boca. Continue a prestar atenção no nariz, nos olhos, nas orelhas, nos maxilares, nas bochechas, na testa, na parte de trás da cabeça, no cabelo. Nós tendemos a acumular muita tensão na musculatura do rosto. Apenas observe, sem julgar nada.

10. Termine a prática suavemente, prestando atenção na respiração por alguns instantes. Faça um autoagradecimento por ter dedicado algum tempo concentrado em seu corpo.

IDEIAS PARA PRATICAR

≡ O reconhecimento de sinais físicos, como tensão ou inquietação, é importante, especialmente para a prevenção de estresse e esgotamento mental.

≡ Tente não se concentrar em ideias como "sucesso", "fracasso", "fazer muito bem" ou "tentar relaxar o corpo". A única coisa importante na prática da consciência do corpo é a experiência em si.

≡ Aborde sua experiência com uma atitude de aceitação ou, em outras palavras, permita que isso simplesmente aconteça. "É o que temos para hoje." Se você tentar evitar, suprimir ou expulsar pensamentos desagradáveis, sentimentos ou sensações físicas, haverá grandes chances de elas retornarem com mais frequência.

≡ Se você é do tipo que "pensa demais", essa prática contribui para você alcançar o equilíbrio entre "simplesmente ser" e "fazer".

REFLEXÃO

A prática do corpo consciente contribuiu para você identificar os pontos de tensão?

O reconhecimento de sinais físicos impactou seu autocuidado?

DIA 4

Reconhecer obstáculos e lidar com eles

NÃO LIMITE SEUS DESAFIOS.
DESAFIE SEUS LIMITES.
JERRY DUNN

Quando você começa a praticar a atenção plena, é possível que enfrente alguma dificuldade, como todas as pessoas. De acordo com a chamada programação neurolinguística (PNL), existem quatro estágios de aprendizado:

- 1. INCOMPETÊNCIA INCONSCIENTE. A pessoa não sabe e não sabe que não sabe. Pense em uma atividade que você faz bem agora – por exemplo, ler. Houve um tempo em que você não sabia ler nem tinha consciência disso.

- 2. INCOMPETÊNCIA CONSCIENTE. Quando começa a praticar, você se dá conta de que precisa treinar mais para se sentir à vontade.

- 3. COMPETÊNCIA CONSCIENTE. Depois de algum treino, você consegue praticar a atividade, porém ela ainda não é consistente e habitual. Você ainda precisa se concentrar.

≡ **4. COMPETÊNCIA INCONSCIENTE.** Finalmente, depois de tanto praticar, você executa a atividade tão bem que ela flui com naturalidade.

A atenção plena também pode ser desenvolvida. Jon Kabat-Zinn, o responsável por criar o programa de oito semanas de *mindulfness* para redução do estresse (o já citado MBSR), afirmou na obra *The little book of mindfulness* que você não precisa gostar de praticar, só precisa fazê-lo.

PERCEBENDO OS OBSTÁCULOS

O meu papel é motivar você a praticar e reforçar a importância de enfrentar obstáculos sem autocríticas. A partir do momento em que você tem consciência das dificuldades e as aceita sem julgamentos, torna-se muito mais fácil lidar com elas. Durante práticas da atenção plena (ou quando você estiver desenvolvendo uma nova habilidade), é perfeitamente natural enfrentar os obstáculos:

SENTIR VONTADES

Alguma vez você já se propôs a fazer algo e teve inúmeras outras vontades de fazer coisas completamente diferentes? Você sente fome, sede, desejo de fazer compras ou de qualquer outra coisa. Às vezes, queremos tanto algo que isso aumenta a nossa ansiedade a ponto de nos bloquear ou nos desviar do nosso objetivo. Quando você perceber sua mente cheia de vontades que o impedem de avançar, respire profundamente pelo menos três vezes e pergunte-se: *qual é o meu objetivo?*

E, então, retome o foco e siga adiante.

IRRITAÇÃO

Se você sentir que está tendo uma experiência desagradável, poderá ficar irritado. A prática da atenção plena pressupõe coexistir com o que está presente, seja agradável ou não. Reconheça a presença da irritação em vez de fingir que ela não está presente, pois isso diminui o poder que ela exerce sobre você.

SONOLÊNCIA

Você já sentiu sono só de pensar que deveria enfrentar algo desafiador? Já sentiu preguiça de começar algo que você considera difícil? O sono pode ser um mecanismo de defesa para evitar enfrentar um desafio. Explore essa sonolência com curiosidade. Você pode descobrir várias coisas.

- ≡ SE VOCÊ VIVE EM ESTADO DE PERMANENTE AGITAÇÃO E SENTE SONO QUANDO RELAXA, TALVEZ ESTEJA FAZENDO COISAS DEMAIS. É possível estabelecer prioridades ou simplificar sua vida de alguma forma? Existe algo que você possa delegar ou dividir com outras pessoas para reservar um tempo a você?

- ≡ OBSERVE COM ATENÇÃO ESSA SONOLÊNCIA. Talvez o seu cansaço esteja lhe informando que você precisa descansar mais ou que algum sentimento precisa ser expresso.

- ≡ SEJA GENTIL COM VOCÊ AO PRATICAR UMA NOVA HABILIDADE. Caso se canse demais e pegue no sono, reconheça que talvez fosse isso que estivesse precisando naquele momento. Simples assim. No dia seguinte, você pode recomeçar.

AGITAÇÃO

Você, alguma vez, já contou os minutos até o término de uma atividade? Ou o fato de ficar parado aumentou ainda mais a agitação, pensando em milhões de coisas a fazer? É natural sentir inquietação quando opta por desacelerar para fazer as coisas com mais atenção e cuidado. Quando enfrentamos desafios, é muito comum ter o sentimento de inquietação. Tenha empatia consigo mesmo, afinal de contas você está praticando uma nova forma de funcionar.

DÚVIDA

Alguma vez você já se perguntou se algo daria certo, se funcionaria? Questionou se tinha o perfil adequado para fazer algo? Por favor, pense em algo que nunca imaginou poder fazer e hoje faz com naturalidade. Quantos desafios enfrentamos e superamos ao longo da nossa vida?

Para avaliar se algo está dando certo ou não, é preciso um mínimo de prática. Pense em um exemplo simples, como fazer um bolo. Quantas vezes você ficou na dúvida sobre se a receita daria certo e, depois de repeti-la algumas vezes, acabou ficando satisfeito?

Ou pense em um livro que você começou a ler, não gostou das primeiras páginas, insistiu mais pouco e acabou adorando a história. Em vez de ficar perdido nos seus pensamentos e nas suas dúvidas, tenha uma experiência real e prática para decidir se vale a pena investir em algo. É evidente que estou me referindo a qualquer coisa que não traga riscos para sua saúde física e emocional.

O fato de você reconhecer a presença dos obstáculos permite lidar com eles de forma tranquila e reduzir a sua autocrítica, lembrando que isso é um processo natural. É muito comum nos sentirmos estranhos ou sós quando enfrentamos um desafio ou quando começamos a praticar algo com que não estamos acostumados. *Não há nada de errado com você.*

PRÁTICA DE RECONHECER E LIDAR COM OBSTÁCULOS

- Quando estiver praticando atenção plena, **OBSERVE SE VOCÊ ENFRENTA ALGUM OBSTÁCULO.**

- **EM VEZ DE CRIAR UMA HISTÓRIA NA SUA CABEÇA, OBSERVE COMO ESSE OBSTÁCULO SE MANIFESTA NO SEU CORPO.** Suponha que você sinta muita agitação. Observe onde a agitação se manifesta no seu corpo. Você pode sentir a sua pulsação ficar mais acelerada, por exemplo.

- **NÃO LEVE ESSES OBSTÁCULOS MUITO A SÉRIO.** Você não está só. Todos nós enfrentamos desafios.

- **TENHA UMA ATITUDE DE EMPATIA CONSIGO MESMO.** A prática da atenção plena consiste em trazer repetidamente a atenção para o que acontece no momento. Percebeu uma distração? Você sempre pode reorientar a sua atenção para o que escolheu.

- **SEJA GRATO POR PERCEBER O OBSTÁCULO**, pois, quando temos consciência da nossa distração, temos a possiblidade de reorientar a nossa atenção para a prática.

REFLEXÃO

Você observou se algum desafio se repete na sua vida?

Como você lida com ele?

Você aceita a presença do desafio ou "briga" com a realidade?

Quando você perde o foco, você tem disposição para recomeçar?

DIA 5

Escutar com atenção plena

AO FALAR, VOCÊ APENAS REPETE O QUE JÁ SABE, MAS, AO
OUVIR, TALVEZ POSSA APRENDER ALGUMA COISA.
DALAI LAMA

Escutar é uma arte. Contribui para gerar compreensão, fortalece os relacionamentos e demonstra que você valoriza o tempo do outro.

A habilidade de escuta é algo que pode ser desenvolvido.

Alguma vez você já falou com alguma pessoa e, enquanto você falava, ela interrompeu e concluiu a frase por você? Muitas vezes, isso é um sinal de que a outra pessoa não estava realmente escutando com atenção. Ao escutar a outra pessoa com atenção plena, você também aumenta as chances de ser escutado por ela. Para escutar com atenção plena, pratique as estratégias descritas a seguir.

- ESTEJA PRESENTE. Ao falar com outra pessoa, tenha foco nela. Elimine as distrações, como atender ao celular ou conferir o *e-mail*. Como você se sentiria se fizessem isso com você?

- SE VOCÊ PRECISAR DE MAIS ESCLARECIMENTOS PARA COMPREENDER A OUTRA PESSOA, INTERROMPA A CONVERSA COM HABILIDADE. Às vezes, você pode sentir dificuldade em escutar a outra pessoa nas seguintes situações:

- QUANDO EXISTIREM MAIS INFORMAÇÕES DO QUE VOCÊ É CAPAZ DE PROCESSAR. (Alguma vez alguém disparou a falar com você e, depois de um tempo, você se sentiu completamente perdido?)

- QUANDO OS SEUS PENSAMENTOS SOBRECARREGAREM SUA MENTE. (Você já teve uma vontade tão grande de dizer algo para outra pessoa que deixou de prestar atenção no que ela falava?)

Para interromper a outra pessoa com habilidade, você pode usar abordagens como "Eu quero garantir que estou te acompanhando" ou "Eu quero garantir que estou te escutando com toda a atenção". Outro exemplo: "Eu não estou seguro de que compreendi todos os detalhes. Tudo bem se a gente fizer uma pausa para que eu possa explicar o que eu entendi?". Ou: "Eu não estou seguro de que compreendi todos os detalhes. Tudo bem se a gente fizer uma pausa para que eu possa esclarecer alguns pontos?".

- ESCUTE A OUTRA PESSOA SEM JULGAMENTO E NÃO PREPARE O QUE VAI DIZER A SEGUIR. Quando não concordamos com alguém, é comum que nossa mente seja invadida por pensamentos. Deixamos de escutar a pessoa porque tendemos a nos concentrar na nossa resposta. Simplesmente, escute a pessoa. Lembre-se de que você pode escutá-la sem concordar com ela.

- OBSERVE A LINGUAGEM NÃO VERBAL. Nós nos comunicamos não só com palavras, mas também com gestos e tom de voz. Prestar atenção na linguagem não verbal dos outros permite que você faça ajustes na sua comunicação em caso de necessidade. Se a pessoa tiver uma expressão de dúvida, você poderá, por exemplo, perguntar: "Posso seguir adiante ou você tem alguma dúvida para sanar antes que eu continue?".

- APROVEITE A OPORTUNIDADE E APRENDA. Escutar é algo natural e saudável. Aproveite a interação com a pessoa e aprenda coisas novas.

Sentir-se "escutado" tende a gerar reciprocidade. A pessoa terá mais disposição para escutá-lo se você escutá-la antes.

Se você não estiver com a atenção dedicada à pessoa (por qualquer motivo), sobretudo crianças, não adiantará blefar. Aja de maneira honesta e opte por continuar a conversa em outro momento. Você pode falar algo como: "Eu estou com a cabeça tão cheia que não consigo prestar atenção agora. Tudo bem se a gente falar sobre isso daqui a pouco?".

PRÁTICA DE ESCUTAR COM ATENÇÃO PLENA

Escolha uma situação para você praticar a escuta com atenção plena nesta semana.

Realize as etapas conforme indicado a seguir.

- 1. Elimine as distrações e preste atenção integral na pessoa.
- 2. Observe seus impulsos e sua forma de escutar:
  - SEU FOCO ESTÁ PLENAMENTE DEDICADO À PESSOA?
  - VOCÊ SE DISTRAI COM FACILIDADE?
  - VOCÊ TEM VONTADE DE INTERROMPER A PESSOA?
  - ENQUANTO A PESSOA FALA VOCÊ JÁ ESTÁ PENSANDO NA RESPOSTA QUE VAI DAR PARA ELA?
- 3. Identifique se você escuta de maneira relaxada ou se está tensionando algum músculo do rosto ou do seu corpo.
- 4. Procure escutar a pessoa sem julgamento. Se você sentir um impulso para interrompê-la, respire pelo menos três vezes antes de fazê-lo.

REFLEXÃO

Qual foi o impacto de escutar a pessoa com atenção plena?

Você observou se a pessoa ficou mais aberta para escutá-lo?

A sua compreensão melhorou?

DIA 6
Alimentar-se com atenção plena

QUANDO VOCÊ COLOCAR UM PEDAÇO DE PÃO NA BOCA, MASTIGUE APENAS O PÃO, E NÃO OS SEUS PROJETOS, PREOCUPAÇÕES, MEDO OU RAIVA.

THÂY[1]

O ato de comer não significa somente prover alimento para o nosso corpo. O ato de comer nos dá a oportunidade de apreciar a comida, de cuidar de nós mesmos, de praticar a gratidão e a atenção.

Entretanto, nem sempre nos alimentamos com atenção. Em geral, enquanto comemos, pensamos no que teremos de fazer a seguir ou em todas as coisas que teremos de fazer no dia. Esse hábito anula a possibilidade de prestar atenção na comida, e tendemos a comer mais do que o necessário, além de não saborearmos os alimentos.

---

1   Thây se refere ao modo como o monge budista vietnamita Thich Nath Hanh é carinhosamente chamado e tem o significado de "professor".

PRÁTICA DE SE ALIMENTAR COM ATENÇÃO PLENA

Para se alimentar de forma consciente, pratique as estratégias descritas a seguir.

- **SENTE-SE PARA COMER.** É mais fácil perder a noção de quanto você come quando está andando. Não coma enquanto estiver fazendo outras coisas.

- **OBSERVE OS ALIMENTOS NO MÍNIMO POR 30 SEGUNDOS ANTES DE INGERI-LOS.** Os alimentos também podem ser apreciados visualmente.

- **ANTES DE COMEÇAR A COMER, PARE POR ALGUNS INSTANTES.** Respire pelo menos três vezes.

- **NÃO ENCARE OS ALIMENTOS APENAS COMO UM PRODUTO FINAL.** Considere todas as pessoas envolvidas nos processos de cultivo, criação, preparo e armazenamento desses itens até chegarem ao seu prato. Com esse hábito, é fácil nos lembrarmos de sermos gratos por todas as pessoas envolvidas nesse processo e reconhecermos o quanto estamos interconectados. Além disso, essa pausa contribui para que você faça escolhas com mais consciência sobre o que decide comer.

- **PELO MENOS NO PRIMEIRO MINUTO DE CADA REFEIÇÃO, ATENTE-SE AO AROMA, AO SABOR E À TEXTURA DA COMIDA.** Você vai apreciar muito mais do que se mastigasse e engolisse automaticamente.

- **DESLIGUE A TELEVISÃO OU QUALQUER OUTRA COISA QUE TENHA UMA TELA.** Isso vale para *tablet*, celular, computador... Evite distrações.

- **ALIMENTE-SE COM CALMA.** Não adianta desligar o celular, a televisão, a música, se você não "desligar" seus pensamentos. Preste atenção no que come e tenha foco no momento presente. Deixe para pensar no que você terá de fazer apenas após terminar.

- **MASTIGUE BEM OS ALIMENTOS.** Se você não está acostumado a fazer isso, nas primeiras semanas poderá sentir que trabalhou muito a musculatura da mastigação. É normal, persista.

- **DESCANSE OS TALHERES.** Faça isso deixando-os ao lado do seu prato enquanto mastiga.

- **COMA O SUFICIENTE.** Para não exagerar e comer além do necessário, faça a refeição em pelo menos 20 minutos. Não menos do que isso. O estômago só vai enviar o sinal de saciedade para o cérebro após esses 20 minutos, aproximadamente. Quando você come depressa demais ou de maneira distraída, tende a não perceber quando está saciado, consumindo mais do que o necessário.

- **TENHA PACIÊNCIA CONSIGO MESMO E COM OS OUTROS.** Se você tende a fazer suas refeições em menos de 20 minutos, no início poderá achar esse tempo muito longo até isso se tornar um hábito. Tenha paciência; a mudança requer treino.

- **NÃO "ENGULA" AS EMOÇÕES.** Observe se a sua alimentação tem um componente emocional. Você já deve ter ouvido a expressão "comer por ansiedade". Várias vezes comemos quando nos sentimos sós, frustrados, tristes ou irritados, e o alimento passa a ser uma resposta a um estado emocional, e não a uma necessidade física. Se você estiver se sentido só, opte por encontrar uma companhia em vez de comer.

- **PARA SABER SE VOCÊ ESTÁ COM FOME OU NÃO, PRESTE ATENÇÃO AO SEU ESTÔMAGO, E NÃO À SUA MENTE.** Por causa do forte componente emocional, talvez a sua mente possa responder que sente fome, embora o estômago não sinta.

- **SE VOCÊ TEM FILHOS OU EDUCA CRIANÇAS, TENHA PACIÊNCIA PARA AJUDAR A AMPLIAR O PALADAR DOS PEQUENOS.** Esse é um aspecto particularmente importante. Às vezes, as crianças rejeitam um alimento simplesmente porque elas não estão acostumadas com uma nova "apresentação" – o cheiro, o sabor, a textura. No livro *Caderno de exercícios de atenção plena*, o doutor em psicologia Ilios Kotsou afirma que se costuma dizer que são necessárias dez tentativas antes de poder dizer se uma criança gosta ou não de um alimento.

- **USE SUA CRIATIVIDADE.** Às vezes, preparar um alimento de uma forma diferente é uma alternativa para a criança experimentar novos sabores e se acostumar com eles. Minha filha, Stella, acostumou-se a comer cenoura crua na salada ou no lanche, mas rejeitava o legume cozido (provavelmente, por causa da textura). Incorporei a cenoura em sopas, e ela gostou. Experimente apresentar o alimento "rejeitado" de uma nova forma: bata no liquidificador, cozinhe, sirva cru...

Reforçando: comer com atenção plena significa se alimentar sem fazer nada ao mesmo tempo. Ao observar de forma atenta as mensagens do seu corpo, você evita comer em excesso.

REFLEXÃO

O QUE VOCÊ OBSERVOU QUE MUDOU AO SE ALIMENTAR COM ATENÇÃO PLENA?

VOCÊ ESTÁ SABOREANDO MAIS SUAS REFEIÇÕES?

VOCÊ ESTÁ COMENDO COM MAIS CALMA?

VOCÊ PASSOU A FAZER ESCOLHAS MAIS CONSCIENTES?

DIA 7

Fazer uma coisa por vez com atenção plena

IMAGINE O PODER DAS NOSSAS AÇÕES
SE CADA UMA DELAS CONTIVESSE
INTEGRALMENTE A NOSSA ATENÇÃO.
THÂY

Você tenta realizar muitas tarefas ao mesmo tempo no seu dia a dia? Você não é o único.

O fato é que ninguém pode realmente executar várias tarefas ao mesmo tempo. No livro *Mindfulness at work for dummies*, afirma-se que o cérebro só consegue focar uma atividade consciente por vez.

Embora o cérebro consiga fazer um número impressionante de coisas ao mesmo tempo, isso não significa que todas elas sejam conscientes. E esse conceito pode gerar conclusões equivocadas.

O neurocientista Jean-Philippe Lachaux afirma que podemos executar duas ações simultaneamente e que uma delas deve ser automática. Por exemplo, dirigir ouvindo rádio, cantar enquanto andamos de bicicleta.

Isso só é possível porque diferentes grupos de neurônios desenvolvem habilidades diversas. Assim, podemos lidar com vários estímulos ao mesmo tempo desde que sejam totalmente diferentes entre si, como imagens visuais e som. Ao processar dois estímulos parecidos – por exemplo, escutar duas conversas ao mesmo tempo –, perdemos a linha de raciocínio.

Segundo Gareth Moore, autor de *Aumente o desempenho do seu cérebro*, isso ajuda a explicar por que algumas pessoas, embora gostem de ouvir música enquanto leem ou escrevem, ficarão distraídas se tentarem ler a letra da música ao mesmo tempo. Tornamo-nos rapidamente condicionados a ignorar a música de fundo – como se desligássemos – desde que ela esteja em um volume razoável e constante.

Se existem diversos estudos demonstrando que fazer várias coisas ao mesmo tempo é ineficiente, aumenta a ansiedade, além de comprovadamente reduzir o grau de atenção e aumentar as chances de erros, por que tantas pessoas continuam a tentar fazer isso? Por vários motivos, sendo dois os principais:

- ser multitarefa dá a falsa sensação de sermos mais produtivos;
- quanto mais tentamos ser multitarefa, mais viciados ficamos.

PRÁTICA DE FAZER UMA COISA POR VEZ COM ATENÇÃO PLENA

- **AO REALIZAR UMA TAREFA, REDUZA O MAIOR NÚMERO POSSÍVEL DE DISTRAÇÕES.** Por exemplo, feche a porta, desligue o som de eletrônicos (telefone, celular, mensagens de texto).

- **PARA EVITAR MUDAR DE ATIVIDADE O TEMPO TODO, AGRUPE AS TAREFAS POR BLOCOS:** e-mails, mensagens de texto, ligações, reuniões, etc.

- **SE PRECISAR INTERROMPER UMA TAREFA PARA SE CONCENTRAR EM OUTRA, PROCURE FAZER A TROCA COM CLAREZA.** Se necessário, anote os pensamentos em um papel, observando com cuidado aquilo em que estava trabalhando para não correr o risco de perder informações.

- **ESTABELEÇA UM TEMPO NO QUAL VOCÊ VAI REALIZAR A TAREFA** com atenção plena e mantenha o foco.

- **FAÇA PAUSAS AO LONGO DO DIA** e retome outra tarefa com atenção plena.

- **PROCURE SE CONCENTRAR EM UMA TAREFA POR VEZ.** Administrar duas ao mesmo tempo pode sobrecarregar sua memória e fazê-lo executar mal as duas.

BENEFÍCIOS DA MUDANÇA

Ainda não se convenceu?

Ser multitarefa pode gerar um estresse desnecessário. Concentrar-se em uma tarefa por vez pode melhorar muito sua qualidade de vida. Veja os benefícios, explicados abaixo.

- VOCÊ VIVE O MOMENTO PRESENTE. Pense em quantas coisas sensacionais você deixa de observar porque está prestando atenção no celular.

- VOCÊ SE TORNA MAIS EFICIENTE. De acordo com o livro *Mindfulness para leigos*, alguns especialistas avaliam uma redução de 40% da produtividade em função do hábito multitarefa.

- O ESTRESSE DIMINUI. Conferir os seus *e-mails* constantemente durante o trabalho tende a aumentar a ansiedade.

- A CRIATIVIDADE É FAVORECIDA. Ao ser multitarefa, você sobrecarrega a sua memória e reduz seu potencial criativo.

- OS RELACIONAMENTOS MELHORAM. O seu par merece a sua atenção plena. Como você se sente quando o seu par tem a atenção dividida entre você e o celular?

IDEIAS PARA PRATICAR

Se você encontrar alguém que jura que CONSEGUE FAZER BEM diversas coisas ao mesmo tempo, por favor não discuta com essa pessoa. Prefira perguntar: "Você já percebeu que, quando tentamos fazer mais de uma coisa ao mesmo tempo, a nossa atenção fica dividida?". Ela não precisa responder nada. Só o fato de refletir sobre isso poderá estimular uma mudança de comportamento.

Tenho ouvido diversos pais reclamarem que seus filhos estão menos atentos e que poderiam sofrer de déficit de atenção. Antes de nos alarmarmos, vamos fazer a nossa parte? Para praticar atenção plena com seus filhos, proponha que, desde pequenos, eles façam uma coisa por vez.

Se eles estiverem brincando distraidamente com vários brinquedos ao mesmo tempo, limite para um só. Se o seu filho estiver assistindo à televisão, ouvindo música e olhando para o celular simultaneamente, sugira que ele preste atenção em uma coisa por vez. Esteja preparado para ele perguntar: "Por que você está me pedindo para fazer isso se você vê televisão e olha para o celular ao mesmo tempo?". Não critique seu filho; agradeça a observação e aproveite a oportunidade para mudar.

Escolha fazer uma atividade por vez com atenção plena. Comece com 5 minutos. Se perceber que você se distraiu, reoriente a sua atenção para a tarefa em si, evitando autocríticas.

REFLEXÃO

O que você observou ao fazer uma única atividade com atenção plena?

Como você se sentiu?

Você cometeu mais ou menos erros?

DIA 8

Tomar decisões conscientes

ENTRE O ESTÍMULO E A RESPOSTA HÁ UM ESPAÇO.
NESSE ESPAÇO ESTÁ O NOSSO PODER DE ESCOLHER NOSSA
RESPOSTA.
NA NOSSA REAÇÃO ESTÃO NOSSO CRESCIMENTO
E NOSSA LIBERDADE.
VIKTOR FRANKL

Você já teve a impressão de ser controlado por um mau hábito ou acreditou ser impossível mudar um hábito? Quantas vezes tomamos uma resolução de que vamos quebrar um mau hábito – em geral, no Ano-Novo – e essa decisão realmente funciona?

Para quebrar um hábito de forma mais eficaz, é preciso mergulhar mais em nós mesmos, com atenção plena, mesmo que essa experiência seja desconfortável. Seja honesto e gentil com você. Precisamos de honestidade e gentileza para ver as coisas como elas são sem fazer autodepreciações.

O desafio é reconhecermos, sem nos desmerecermos por isso, que determinados hábitos têm consequências negativas para nossa vida. Até o fato de negar que temos maus hábitos pode ter se tornado *mais um hábito*. Paul Stoltz e Erik Weihenmayer, em *As vantagens da adversidade*, reforçam que a tentação de negarmos um problema é grande. Segundo esses autores, é mais fácil negar que você estourou o cartão de crédito ou gastar muito além do que ganha do que se submeter à disciplina necessária para acertar a situação.

Muitos de nossos hábitos não são tão graves quanto imaginamos. Transformar um desafio em uma catástrofe depende de nós. O psicólogo Ken Verni afirma que a química cerebral é alterada por nossos comportamentos repetitivos, mas não precisamos ser escravos dos hábitos. Verni completa afirmando que a atenção plena pode nos libertar deles.

Um hábito nada mais é do que resultado de uma ação repetida. Os hábitos são reações a situações gravadas em nosso corpo e em nossas mentes. Cada vez que são repetidos, eles se fortalecem. É por esse motivo que agimos de forma automática em diversas situações. Um hábito pode se referir ao que fazemos (ações), ao que pensamos (pensamentos) ou ao que sentimos (emoções).

As práticas de atenção plena permitem que você pare e perceba seus impulsos antes de agir, e isso é um recurso poderoso para a mudança de hábito. A habilidade de aumentar o tempo entre o estímulo e a resposta nos dá mais controle e opção de escolha.

NÃO SE ACOMODE; SEMPRE É TEMPO DE MUDAR. Nós podemos nos acostumar com bons hábitos e, também, com hábitos ruins. De tanto ficarmos passivos diante de uma situação, corremos o risco de perder o nosso referencial.

Para mudar um hábito na sua vida considere as estratégias apresentadas a seguir.

- SEJA HONESTO CONSIGO e avalie se algum hábito gera consequências negativas para a sua vida.

- OBSERVE UM HÁBITO SEM FAZER AUTOJULGAMENTOS ou se depreciar. Cuidado com a armadilha: às vezes, nos sentimos mal por nos sentirmos mal.

- Evite: "Eu comi demais. Eu me odeio por isso".

- Prefira: "Eu comi demais". (Observe o ponto-final na frase.)

- Evite: "Eu ultrapassei o limite do meu cartão de crédito de novo. Eu sou um idiota. Eu não tenho jeito".

- Prefira: "Ultrapassei o limite de meu cartão de crédito". (Observe o ponto-final na frase.)

- INVISTA SUA ENERGIA NA MUDANÇA QUE DEPENDE DE VOCÊ, e não nas coisas que estão fora do seu controle. Como o hábito tende a se repetir, não basta ler este capítulo; pratique as estratégias de atenção plena. (Seria sensacional se as práticas de atenção plena se tornassem, também, um hábito.)

PRÁTICA DE TOMAR DECISÕES CONSCIENTES

- Antes de tomar uma decisão, **PRESTE ATENÇÃO NAS SENSAÇÕES FÍSICAS** e não ligue para as histórias que a mente lhe conta.

- **CONCENTRE-SE NA SUA RESPIRAÇÃO** ou identifique alguma parte do seu corpo que esteja tensionada. Se sim, procure relaxá-la. Essa é a pausa sagrada. Ela contribui para você descondicionar um hábito.

- **SÓ DEPOIS DECIDA O QUE FAZER.**

- **O TEMPO DE PAUSA É MENOS IMPORTANTE DO QUE A PAUSA EM SI.** Você já respondeu a uma mensagem de texto no seu celular de forma impulsiva quando estava com a cabeça quente e se arrependeu logo depois? Às vezes, o tempo de fazer algumas respirações profundas já é uma oportunidade para você parar antes de agir.

- Para reforçar a pausa antes de agir, eu sugiro escrever em um cartão (ou na tela do seu computador ou do seu celular) e deixar em local visível: **"VOCÊ JÁ FEZ A PAUSA SAGRADA HOJE?"**. Se alguém perguntar do que se trata, explique. (Isso vai ajudar a gravar o conceito.)

- Outra forma para assimilar o conceito de fazer uma pausa antes de agir é você escrever: **"PAUSE, DEPOIS PLAY"**.

UM EXEMPLO DA PAUSA SAGRADA ANTES DE AGIR

Mônica, participante de um treinamento de atenção plena, depois que terminou um relacionamento afetivo criou o hábito de conferir o que o ex-namorado fazia nas redes sociais. E, cada vez que ela o via com outra mulher nas fotos, isso gerava muito sofrimento. Mônica me relatou o seguinte: "Eu sei que isso me faz mal, mas é mais forte do que eu. Quando me dou conta, já vi as fotos e começo a sofrer".

Ela optou por fazer a pausa sagrada *antes* de olhar para o celular, prestando atenção na sua respiração e na "coceira que sentia nas mãos". Mônica relatou que esses instantes de pausa foram decisivos para que mudasse de hábito e não agisse de maneira impulsiva. No começo, foi mais difícil. Depois de um tempo, a vontade de conferir o que ele fazia foi diminuindo gradativamente.

REFLEXÃO

Em quais situações você costuma agir de forma impulsiva e tende a se arrepender depois?

Você tem algum hábito que gera um impacto negativo em sua vida?

Como você pode praticar a pausa sagrada para ajudar a mudar de hábito?

DIA 9
Caminhar com atenção plena

Os homens já andaram na Lua.
Está na hora de eles aprenderem a andar na Terra.
ANÔNIMO

Você já teve a impressão de que está sempre correndo? Alguma vez já percebeu que estava correndo para chegar a algum lugar quando na realidade isso não era necessário? Eu mesmo já me peguei subindo os degraus de uma escada rolante enquanto ela se movimentava, *sem necessidade*.

Andar é uma habilidade que nós desenvolvemos, entretanto andamos quase sempre no "piloto automático", sem prestar atenção aos movimentos ou às nossas sensações físicas. Até quando saímos para passear, a nossa mente fica distraída com conversas ou nos perdemos nos nossos pensamentos. Raramente estamos, de fato, presentes.

Talvez você já tenha caminhado para poder refletir e encontrar uma solução para um problema. Nessa situação, provavelmente sua mente ficou ainda mais cheia de pensamentos, problemas e preocupações.

A abordagem de caminhar com atenção plena é muito diferente. Nessa prática, você sente o corpo em movimento no momento presente e percebe as sensações do seu corpo. Se você identificar algum pensamento invadir sua mente, simplesmente deve deixá-lo ir embora e reorientar sua atenção para as sensações do seu corpo.

Na prática de caminhar com atenção plena, andamos sem chegar a um destino específico. Caminhamos pelo prazer de caminhar.

PRÁTICA DE CAMINHAR COM ATENÇÃO PLENA

Reserve um tempo só para caminhar com atenção plena. Você pode fazê-lo em contato com a natureza ou pode introduzir essa prática no seu dia a dia, quando estiver indo a uma reunião, ou às compras, ou caminhando no aeroporto, por exemplo.

Realize as etapas conforme indicado a seguir.

1. Caminhe adotando um ritmo confortável. Não acelere o passo: você está caminhando, não está correndo.

2. O seu caminhar é um pouco mais devagar do que o seu modo usual de andar. Caminhe com naturalidade.

3. Esteja plenamente presente a cada passo e preste atenção às suas sensações corporais.

4. De vez em quando, pare e alterne o foco da atenção entre as suas sensações corporais e aquilo que você percebe à sua volta.

O que vê?
O que você escuta?
Você consegue sentir o toque de algo?
Que cheiros você sente?

5. Tire um momento para apreciar a beleza do mundo.

No livro *Caminhando em sabedoria*, Tarchin Hearn apresenta quatro suportes[1] para a prática da caminhada com atenção plena: sorrir, respirar, ter consciência do movimento físico e sentir-se sustentado por inúmeros seres e elementos.

Comece cada sessão da prática de caminhar com atenção plena relembrando-se dos quatro suportes. Às vezes, eles vão acontecer todos juntos sem esforço. Outras vezes, você vai caminhar com apenas um. Ao praticar a caminhada com atenção plena, após as pausas que fizer, você poderá alternar o seu foco de atenção para um dos suportes.

SORRINDO

Fique em pé, parado, por um momento. Feche seus olhos e experiencie seu corpo por dentro. Sinta seu sutil balançar, enquanto procura o equilíbrio sem que precise fazer nada conscientemente. Enquanto você fica assim, sinta sua respiração e, em cada expiração, deixe seu corpo se suavizar e se soltar... Sorria, com um sorriso suave nos lábios, ou imagine um sorriso amável e caloroso. Sorrir não significa "mostrar os dentes", mas apreciar a caminhada e o prazer de estar em movimento.

Sorrir é o primeiro suporte.

RESPIRANDO

Repleto da leveza do sorrir, acrescente a consciência das sensações físicas do seu corpo respirando. Você ainda está em pé, com os olhos fechados. Respirar é muscular, é tátil. Sorrindo e respirando, sentindo os movimentos naturais do corpo vivo respirando. Deixe-o fluir em seu próprio ritmo. Não tente controlar a respiração de forma alguma.

A *consciência contínua* da respiração é o segundo suporte.

---

1 Tarchin menciona em seu livro que os quatro suportes lhe foram apresentados pelo famoso monge budista vietnamita Thich Nhat Hanh.

TENDO CONSCIÊNCIA DO MOVIMENTO FÍSICO

Agora, sem abandonar o sorriso ou a consciência da respiração, abra seus olhos e comece a andar. Sinta os músculos do seu corpo flexionando, alongando e relaxando na fluidez integrada dos movimentos a que chamamos de caminhar. Sinta o modo como sua cabeça se relaciona com seu pescoço, a forma como suas costas, o estômago e os braços estão coordenados, juntos, para sustentar essa maravilha incrível que é um organismo movimentando-se na Terra.

Ter *consciência do corpo* movendo-se fisicamente no espaço: esse é o terceiro suporte.

SENTINDO-SE SUSTENTADO POR INÚMEROS SERES VIVOS

Finalmente, enquanto você caminha, sorrindo, respirando e apreciando seus movimentos físicos, note que debaixo dos seus pés, sustentando cada passo seu, há elementos como grama, flores, micro-organismos e, provavelmente, insetos. Você está, ao mesmo tempo, pisando neles e sendo sustentado por eles.

Ter *consciência do mundo* vivo sob seus passos: esse é o quarto suporte.

REFLEXÃO

Você notou uma diferença entre caminhar sorrindo e prestando atenção nas sensações, sem ter um destino específico, e caminhar com uma séria determinação, com pensamentos inquietantes?

Qual o impacto disso em você?

Nós achamos que observamos o mundo, mas esquecemos que também somos observados. Ao ter consciência de um mundo vivo sob seus passos, essa perspectiva sobre a observação mudou?

DIA 10
Libertar-se da influência dos custos perdidos

SE QUISER VOAR,
PRECISA LARGAR O QUE TE
PUXA PARA BAIXO.
TONI MORRISON

Alguma vez você teve dificuldade de se desvencilhar de uma roupa que não usa mais só porque ela custou caro? Ou continuou a assistir a um filme que você estava odiando apenas porque o ingresso já estava pago?

Vários autores já identificaram a tendência de insistirmos em continuar investindo em coisas que nos fazem infelizes ou que têm um impacto negativo em nossas vidas com a esperança de recuperar o que foi investido. Essa tendência é um fenômeno psicológico muito comum conhecido como "influência dos custos perdidos".

No livro *Essencialismo*, o consultor *Greg McKeown* explica que essa é a tendência de continuar investindo tempo, dinheiro e energia em uma proposta que sabemos ser malsucedida só porque gastamos um valor impossível de ser ressarcido. O autor afirma que essa postura pode facilmente se tornar um círculo vicioso, pois, quanto mais investimos, mais decididos ficamos para ver se o investimento rende. Ou seja, quanto mais investimos em algo, mais difícil é deixá-lo.

Um caso clássico são os relacionamentos românticos. Quanto mais tempo ficamos com alguém, mais difícil é terminar a relação, afinal de contas muito foi investido no passado.

Podemos ficar aprisionados nesse padrão de comportamento que nos faz sofrer por razões, muitas vezes, irracionais. Muitas pessoas acreditam que, se continuarem tentando, "farão dar certo".

Vou dar outro exemplo, mais visceral: alguma vez você já continuou a comer algo (mesmo já estando satisfeito), que nem estava particularmente saboroso, porque já estava pago, porque era caro ou porque você queria evitar o desperdício? Você não quer jogar a comida no lixo e passa a fazer o papel do lixo. (Você já parou para pensar sobre isso?)

Para não parecermos esbanjadores, muitas vezes fazemos coisas que têm um impacto negativo em nossas vidas. Você passa mal, precisa consultar um médico, e se arrepende depois. O prejuízo físico e financeiro acaba sendo muito maior do que se você não tivesse comido além dos seus limites. Isso acontece com frequência.

Não estou sugerindo que você não faça o que estiver ao seu alcance a fim de que as coisas deem certo. É necessário praticar para desenvolver qualquer habilidade, e a persistência é um recurso valioso para superar desafios, inclusive para praticar *mindfulness*. Eu proponho que você preste atenção à tendência que nós temos em insistir em algo que nos faz mal, porque isso pode facilmente se tornar um hábito que agrava o sofrimento. Em alguns casos, o nosso esforço só piora a situação.

Em um artigo sobre o assunto, o pesquisador Christopher Olivola, estudioso da influência dos custos perdidos, afirma: o que está feito está feito; perseguir algo que traz infelicidade não só não vai trazer o dinheiro de volta como também vai fazer com que você se sinta pior ainda. Para ele, com essa postura você está somente cavando um buraco mais fundo.

Reforçando: a influência dos custos perdidos é aplicada não só para dinheiro, mas também para outros recursos, como investimento emocional, tempo e energia, que exercem influência sobre o nosso comportamento.

A atenção plena pode ser muito útil nesse contexto: quando concentramos a nossa atenção em viver o momento presente, treinamos nossa mente para não ficarmos obcecados pelos arrependimentos do passado nem termos preocupações excessivas com o futuro. Além disso, enquanto não reconhecermos e identificarmos um hábito, ele continuará a nos controlar. Para estancar uma hemorragia, você precisa reconhecer que está sangrando.

O desafio é reconhecer que, às vezes, insistimos em hábitos que nos fazem mal sem nos condenarmos por isso. Deixe as críticas e os julgamentos de lado. Você não pode controlar o passado, então não faz sentido ruminar sobre o que você fez ou deixou de fazer. Se você já investiu um tempo precioso em um projeto profissional ou em um relacionamento pessoal que não deram certo e que fizeram muito mal, pense no impacto caso você continue a investir mais tempo neles. Deixe o passado no passado. Ontem terminou ontem à noite. Oriente sua atenção para *o que você vai fazer daqui para a frente.*

PRÁTICA PARA SE LIBERTAR DA INFLUÊNCIA DOS CUSTOS PERDIDOS

Para aumentar a sua consciência de como lida com situações que drenam sua energia, é útil mapear o seu modo (hábitos) de encarar essas situações. Assim, você terá a oportunidade de reconhecer padrões e decidir se são úteis ou se deseja modificá-los. Observe atentamente e sem julgamento suas ações, seus pensamentos e suas emoções e, só depois, decida como vai agir dali por diante.

- Identifique uma situação que causa sofrimento ou dor, ou escolha uma situação que costuma drenar sua energia.
- Observe sem julgar como você lida com essa situação: o que você faz? O que você pensa? O que você sente?
- As suas decisões foram tomadas de forma automática ou consciente? Você foi influenciado por seus pensamentos, sensações e emoções ou estava consciente quando decidiu a forma com que você iria agir na situação?
- Avalie os resultados da sua decisão. A maneira como você age diante dessa situação causa algum prejuízo físico, emocional ou financeiro? (Para saber se você tomou a decisão adequada é preciso constatar os resultados dela.)
- Você deu atenção ao que lhe parece mais certo?
- Quais são as suas opções diante dessa situação? O que lhe parece mais certo fazer *agora*?
- Reconheça que você tem opção de escolha para mudar um comportamento ou pensamento.

REFLEXÃO

O QUE ESTÁ DRENANDO SUA ENERGIA NESTE MOMENTO?

O QUE VOCÊ PODE FAZER A RESPEITO?

DIA 11

Separar a dor do sofrimento

SOFREMOS MAIS NA IMAGINAÇÃO
DO QUE NA REALIDADE.
SÊNECA

Você já se deu conta de que às vezes, sem perceber, nós aumentamos a dor que sentimos? Qualquer que seja seu estilo de vida, você sentirá algum tipo de dor e terá momentos de estresse, ansiedade e preocupação. A dor é inevitável, mas o sofrimento é opcional. Nada, incluindo as práticas de *mindfulness*, pode prevenir a dor que sentimos. Entretanto, nem sempre nos damos conta de que o sofrimento é criado por nós e que podemos diminuí-lo.

Quando sentimos dor, seja física, seja emocional, é muito fácil sermos arrastados pelo medo, pelo desespero ou pela raiva, e isso só aumenta o sofrer, que passa a ocupar todo o nosso espaço mental. A habilidade de não amplificar a dor, por si só, traz alívio. A prática da atenção plena pode melhorar a sua experiência de vida e apresenta ferramentas para você separar a dor do sofrimento e não ampliar esse sofrimento.

O monge vietnamita Thich Nhat Hanh, no livro *Sem lama não há lótus*, explica como nós podemos aumentar a dor por meio do ensinamento budista conhecido como "A flecha":

> SE UMA FLECHA LHE ACERTAR, VOCÊ SENTIRÁ DOR NAQUELA PARTE DO CORPO ATINGIDA PELA FLECHA; E DEPOIS, SE UMA SEGUNDA FLECHA VIER E ACERTAR EXATAMENTE AQUELE LUGAR, A DOR NÃO SERÁ DOBRADA, ELA SERÁ PELO MENOS DEZ VEZES MAIS INTENSA. AS COISAS INDESEJÁVEIS QUE ACONTECEM NA VIDA — SER REJEITADA, PERDER UM OBJETO DE VALOR, FRACASSAR NUM TESTE, SER FERIDO NUM ACIDENTE — SÃO ANÁLOGAS À PRIMEIRA FLECHA. ELAS PODEM CAUSAR ALGUMA DOR. A SEGUNDA FLECHA, ARREMESSADA POR NÓS MESMOS, SÃO NOSSAS REAÇÕES, INTERPRETAÇÕES E ANSIEDADES. TODAS ESSAS COISAS AMPLIAM O SOFRIMENTO.
>
> (HANH, 2016, P. 47-48)

Esse ensinamento tem vários significados. Muitas vezes, ruminamos sobre desastres que nem sequer aconteceram. Às vezes, a vida nos atira uma flecha e nos fere. Quando nos recusamos a aceitar o que aconteceu, quando nos aborrecemos e declaramos que o fato é injusto, quando pensamos na duração da dor, disparamos uma segunda flecha no ferimento aberto, multiplicamos a dor e geramos sofrimento. A primeira flecha representa a dor real que sentimos; a segunda, nossa reação ao ocorrido, que pode gerar mais sofrimento.

PRÁTICA DE SEPARAR A DOR DO SOFRIMENTO

Suponha que você vá fazer uma prova em um processo seletivo, o que gera uma ansiedade natural. Essa é a primeira flecha. Se você aumentar a ansiedade natural com pensamentos de reprovação, medo ou raiva, atirará contra si a segunda flecha. Exemplos são pensamentos do tipo "E se eu não passar?", "Se eu não for aprovada, vou me sentir um fracasso", "Eu vou decepcionar a minha família se não for bem-sucedido", "Eu detesto ter que fazer essa prova". Quando desenvolvemos pensamentos repetitivos sobre a dor, tendemos a aumentá-la desnecessariamente, gerando sofrimento.

Para aliviar o sofrimento, físico ou mental, não arremesse a segunda flecha. Pratique as estratégias descritas a seguir.

- Identifique o que causa a dor original. No exemplo descrito, a prova é a causadora da ansiedade.
- Identifique os pensamentos que aumentam o sofrimento. Algumas histórias criadas na nossa cabeça são muito piores do que a realidade. Pensar coisas como "Não sou bom para ser aprovado", "Sou um fracasso", "Sou um desastre" só aumenta o sofrimento. Se desejar, repita dentro de si: "Isso são só pensamentos".

- Se for útil, divida um papel em duas partes: escreva em uma delas o que causa a dor original; na outra parte, escreva os pensamentos que geram sofrimento. Isso pode ajudar a ter mais perspectiva e a não "ser arrastado" pelos seus pensamentos e emoções.

- Assim que tomar consciência da segunda flecha e das tensões físicas geradas por ela, oriente a atenção para a sua respiração ou para a atividade que estiver fazendo no momento – por exemplo, o café que estiver tomando – e, se desejar, retome os seus estudos.

A vida tem situações de estresse e ansiedade. A ideia é você ser capaz de manter esse estresse e a ansiedade em níveis mínimos.

Para evitar assumir o papel de vítima e repetir pensamentos como "Por que isso só acontece comigo?", "Por que eu?", "Eu não mereço isso", lembre-se de que tudo é impermanente e passa. Da mesma forma que um sofrimento surge, ele vai embora. Você não está só. O que lhe aconteceu poderia ter acontecido com qualquer pessoa a qualquer momento.

O excesso de preocupação pode nos bloquear. Se você ficar ansioso pelo fato de ser reprovado em uma prova, não permita que os seus pensamentos atrapalhem. Reconheça a presença desses pensamentos, fale para você que são apenas pensamentos e reoriente sua atenção para o que importa: os estudos.

A FORÇA DO EXEMPLO

As crianças, quando enfrentam frustrações, podem ter reações emocionais exageradas. (Os adultos, também!)

Diante da explosão emocional do seu filho, evite revidar e perder a cabeça. Falar aos gritos frases do tipo "Pare de chorar!", "Sem escândalo!", "Não grite!" não funciona e só piora a situação. É incoerente gritar com uma criança para pedir que ela se acalme. Isso tende a deixá-la paralisada e aumenta o estresse. Em longo prazo, pode também provocar distúrbios de ansiedade. Cuide antes de si para cuidar melhor do outro.

Quando sentir que vai perder a cabeça, respire fundo. Se necessário, vá até o banheiro, jogue uma água no rosto e mostre, por meio de seu comportamento, o que significa acalmar-se. Às vezes, reclamamos que as crianças não conseguem se controlar, mas será que nós damos um bom exemplo?

REFLEXÃO

Separar o que causa a dor original dos pensamentos repetitivos de reprovação, medo ou raiva ajudou você a lidar melhor com a situação?

Você identificou algum pensamento repetitivo?

Você observou se o excesso de preocupação pode causar bloqueio em alguma área da sua vida?

O que você pode fazer agora para não ficar mais bloqueado?

DIA 12
Ver os pensamentos como pensamentos

NÃO ACREDITE EM TUDO O QUE VOCÊ PENSA.
OS PENSAMENTOS SÃO APENAS ISSO — PENSAMENTOS.

ALLAN LOKOS

Alguma vez você já teve um pensamento negativo repetitivo? E, quanto mais você tentava se livrar dele, mais ele parecia se fortalecer? Você não é o único.

Os atos de pensar e planejar são bastante úteis, mas podem causar desequilíbrio emocional porque muitas vezes não conseguimos parar de pensar e planejar, mesmo quando isso não é necessário. Você já teve dificuldade de "pegar no sono" porque não conseguiu "desligar" os pensamentos antes de dormir?

Preocupar-se em relação ao futuro, carregar arrependimentos do passado, comparar-se com os outros e pensar constantemente sobre como as coisas poderiam ser melhores são exemplos de pensamentos típicos. Imagine que você esteja aproveitando um agradável almoço com amigos e comece a pensar incessantemente na apresentação que vai fazer no dia seguinte pela manhã. Você pensa em tudo o que pode dar errado na apresentação, se perde em seus pensamentos, "viaja" para o futuro... e se esquece de conversar com seus amigos ou de saborear o seu prato favorito.

Esse tipo de pensamento constante torna impossível desfrutar uma boa refeição ou qualquer outra coisa. O pensamento constante vai além de desviar nossos pensamentos e a atenção no aqui e agora: quando são negativos, eles também podem causar problemas como ansiedade ou estresse.

Praticar atenção plena significa parar e prestar atenção ao que está acontecendo neste momento sem julgamento (sensações do corpo, pensamentos e emoções). A ideia também é fortalecer a nossa capacidade de prestar atenção para nos reconectarmos com os nossos sentidos. E por que isso é importante? Para não ficarmos reféns de determinados hábitos e pensamentos.

Nossos pensamentos e emoções estão intimamente ligados. Um pensamento negativo pode desencadear uma emoção dolorosa, e vice-versa. Além disso, muitas vezes nossos pensamentos são automáticos e repetitivos. Em outras palavras, nem sempre temos consciência disso.

Para se libertar dos pensamentos negativos, você pode aplicar as estratégias descritas a seguir.

≡ NÃO SE IDENTIFIQUE COM OS PENSAMENTOS NEGATIVOS OU COM SUAS EMOÇÕES. Você é muito mais do que os seus pensamentos ou as suas emoções. Preste atenção às palavras que você usa para definir a si mesmo. Faça uma distinção entre o verbo "ser" e o "sentir". O verbo "ser" refere-se à sua identidade (quem você é), e o "sentir" diz respeito ao que você experiencia em determinado momento. Considere que as emoções e os pensamentos são passageiros... e eles passarão. Evite falar "Eu sou ansioso", "Eu sou ansiosa". Prefira estas atitudes: "Eu sinto ansiedade neste momento" ou "A ansiedade está presente, e ela passará".

≡ O QUE SE PASSA NA MINHA MENTE AGORA? ALGUMAS VEZES POR DIA, RESERVE ALGUNS INSTANTES PARA IDENTIFICAR O QUE SE PASSA NA SUA CABEÇA. Talvez você descubra que está exagerando em algumas situações, que faz reclamações desnecessárias ou repete pensamentos negativos. Caso seja necessário, anote os pensamentos que fazem bem e aqueles que colocam para baixo. Confira se você pode escolher um pensamento mais proveitoso.

≡ LIDE COM PENSAMENTOS DE FORMA AMIGÁVEL. Não procure suprimir os seus pensamentos ou mesmo resistir a eles. Afinal de contas, é isto que a nossa mente faz: ela cria pensamentos. Em vez de resistir aos pensamentos, observe-os, deixe-os passar e reconheça que eles correspondem a uma visão do mundo, e não à realidade. O psicoterapeuta e instrutor de *mindfulness* Tim Desmond, em seu livro *Como ser pleno num mundo caótico*, afirma que uma maneira mais produtiva de lidar com os pensamentos é imaginar que eles são como amigos que ficam o tempo todo oferecendo opiniões e conselhos que não foram solicitados. Quem disse que você precisa acreditar em tudo o que pensa?

≡ PRESTE ATENÇÃO ÀS PALAVRAS QUE VOCÊ UTILIZA. O uso adequado da linguagem é uma ferramenta poderosa para mudar um estado emocional que queremos modificar. Entretanto, nem sempre temos consciência das palavras que utilizamos no dia a dia. Usamos a linguagem para comunicar nossos pensamentos, e as palavras refletem a nossa forma de pensar.

≡ AS NOSSAS EMOÇÕES E OS PENSAMENTOS TAMBÉM SÃO INFLUENCIADOS PELAS PALAVRAS QUE UTILIZAMOS. Além disso, o cérebro não registra frases formuladas no negativo. Se eu lhe disser "Não pense em um elefante", isso será impossível, pois você já criou uma imagem mental do elefante. Se eu falar "Não fique nervoso", você terá acesso a imagens, sons e sensações de nervosismo. Nós temos uma tendência para exagerar emoções. Às vezes, utilizamos palavras que exageram uma emoção ou um pensamento negativo. Observe se você usa palavras que intensificam determinado pensamento ou estado emocional negativo. Falar que a reunião foi uma catástrofe é diferente de dizer que ela foi frustrante. O uso inadequado de expressões como "catástrofe", "caos", "fim do mundo", "desastre", "terrível", "desgraça" pode gerar ainda mais tensão desnecessária. Existe alguma palavra que você utiliza frequentemente e tem impacto negativo no seu estado emocional?

Permita-se fazer pausas e observar seus pensamentos como pensamentos. Quando você reconhece a presença de um pensamento e orienta o seu foco de atenção para a sua respiração ou para o que está fazendo no momento presente, diminui o impacto dele em você. E isso já é sensacional.

PRÁTICA DE VER OS PENSAMENTOS COMO PENSAMENTOS

Reconheça que pensamentos são só pensamentos. Eu sei que isso é uma coisa óbvia, mas raramente pensamos a respeito. O que causa problema não é o pensamento negativo em si (por exemplo, "Nunca tenho nada interessante a dizer"), mas o hábito de levar esse pensamento muito a sério, como se fosse um fato ou uma realidade. Pensamentos não são fatos e não representam a verdade sobre como as coisas são.

Os nossos pensamentos tendem a se repetir, e por esse motivo é útil anotar aqueles pensamentos ou palavras que mais ocupam sua mente para trazê-los a um nível consciente, e não mais ficar refém deles. Vale lembrar que aquilo que repetimos tende a se fortalecer.

Realize as etapas conforme indicado a seguir.

- **1.** Identifique se você tem algum pensamento negativo repetitivo. Se você perceber a sua mente voltada para pensamentos negativos ou lembranças inúteis, lembre-se de que são somente pensamentos. Fale: **"ISSO É SÓ UM PENSAMENTO"**.

- **2.** Suponha que você tenha anotado o pensamento negativo "Eu nunca serei bem-sucedido". Em vez de lutar contra ele, reconheça a presença dele e não o leve tão a sério. Você pode falar: **"AÍ VEM O PENSAMENTO NÚMERO 1 DE NOVO. É SÓ UM PENSAMENTO, E NÃO A REALIDADE"**.

- **3.** Em seguida, volte a prestar atenção delicadamente na sua respiração ou em outra sensação física, ou no que estiver fazendo nesse momento. Esse conceito pode ajudar a acalmar a suas emoções e a sua mente.

REFLEXÃO

O fato de você ver os pensamentos como pensamentos, e não como fatos, diminuiu o impacto deles em você?

Você se identificava com algum pensamento negativo?

DIA 13

Tomar consciência das reclamações

A MAIORIA DAS PESSOAS GASTA MAIS TEMPO
E ENERGIA AO FALAR DOS PROBLEMAS
DO QUE AO ENFRENTÁ-LOS.
HENRY FORD

Alguma vez você já se pegou reclamando de algo que não estava sob o seu controle? Reclamar do trânsito ou do mau tempo são exemplos clássicos. Você já ficou preso em um engarrafamento e começou a reclamar? Ou já reclamou de uma tempestade? Embora a reclamação promova um alívio temporário para uma insatisfação, na prática isso não vai fazer com que o trânsito ande nem com que a chuva pare.

Você tem todo o direito de exprimir como se sente, e manifestar o seu descontentamento pode ser útil para reconhecer a presença dele e, então, deixá-lo para trás. O desafio é quando a reclamação vira um hábito e deixamos de prestar atenção ao impacto negativo nas nossas vidas.

Algumas pessoas nem percebem que utilizam a reclamação para se conectar com outras e iniciar uma conversa. Quantas vezes não ouvimos frases do tipo "Esse supermercado não tem jeito... estou na fila faz

10 minutos e não saí do lugar. Isso é um absurdo!"? Outras pessoas reclamam para chamar atenção.

Mindfulness é um treino de atenção. Nós escolhemos para onde queremos dirigir o nosso foco de atenção, e isso requer energia. Na minha percepção, o grande desafio a respeito das reclamações consiste em questionarmos: "Será que estou desperdiçando energia reclamando de situações que estão fora do meu controle?".

Abordei esse tema em meu livro *Virando a página* e reforço aqui: geralmente, a pessoa que tem o hábito de se queixar acaba desenvolvendo muito bem essa habilidade; ela se queixa para se aliviar e passa a fazê-lo com quem esteja disposto a ouvi-la – companheiro, familiares, amigos, cabeleireiro, etc. –, mas não com a pessoa certa nem da forma adequada.

Você precisa de uma dose "mínima de desconforto" (ou de motivação) para ter a coragem de se expressar, caso contrário essa energia se dissipa e você se mantém passivo. Aliviar-se emocionalmente de maneira inadequada pode diminuir a energia necessária para você resolver um conflito.

Uma vez que as reclamações funcionam como válvulas de escape para sentimentos como raiva ou frustração, elas promovem um alívio temporário. No entanto, tendem a aumentar o sentimento de impotência. Desabafar não significa agir. O fato de sentir-se aliviado não resolve conflito algum. Expressar uma preocupação legítima é uma coisa, reclamar é outra completamente diferente.

Outro aspecto nocivo das reclamações é o de que elas são extremamente contagiosas. No livro *As vantagens da adversidade*, os autores (Stoltz e Weihenmayer) afirmam que as reclamações são as baratas dos relacionamentos, porque estão por toda parte, embora ninguém entre em uma sala esperando encontrar uma.

Reclamações geram mais reclamações. O perigo das reclamações é o fato de que colocamos uma lente de aumento nos problemas, e não nas soluções. Observe o impacto das reclamações sobre as suas emoções: Alguma vez você já viu alguém energizado ou vibrar de alegria ao reclamar compulsivamente? Em geral, ao reclamar as pessoas sentem-se insatisfeitas e deprimidas.

PRÁTICA DE TOMAR CONSCIÊNCIA DAS RECLAMAÇÕES

Para mudar o hábito de reclamar, pergunte-se: "Eu estou reclamando de algo que posso mudar ou de algo que está fora do meu controle?". Fazer essa distinção é o primeiro passo para deixar de lado as reclamações. Oriente as suas ações para algo que está sob o seu controle – por exemplo, seus comportamentos ou sua respiração.

Quero reforçar o seguinte conceito: em *mindfulness* nós acolhemos as emoções sem autocríticas, e é absolutamente saudável você reconhecer e expressar uma insatisfação. Evite fazer julgamentos do tipo "Eu não devo (posso) reclamar com tanta gente que está em uma situação mais difícil do que a minha".

Reprimir o que você sente não vai fazer com que a emoção desapareça. A ideia é de que você possa reconhecer o que sente, ter consciência desse desconforto e decidir o que vai fazer daí para a frente. Em outras palavras, para ter opção de escolha e mudar um comportamento é preciso ter consciência dele. Só então você consegue decidir: quer investir sua energia em coisas que estão fora do seu controle ou naquelas que pode influenciar?

IDEIAS PARA PRATICAR

Você pode usar uma pulseira, um elástico ou um anel para praticar.

Sempre que reclamar, coloque a pulseira ou o elástico no outro pulso (não puxe o elástico para não machucar!) ou o anel no outro dedo. Faça o movimento de troca com suavidade, sem autocrítica, e não crie histórias na sua cabeça.

A proposta é de que você perceba a frequência das reclamações e como as faz de forma automática. Essa prática pode parecer um tanto desafiadora; no entanto, também ajuda a demonstrar, de maneira visceral, que você está se tornando mais consciente de seus pensamentos e ações. Identifique se está reclamando sobre algo que está sob seu controle ou não. Decida, então, como vai investir sua energia.

REFLEXÃO

Você identificou o impacto que as reclamações têm na sua qualidade de vida?

Você percebeu se alguma reclamação se repete?

Você reclama de coisas que dependem de você ou das que estão fora do seu controle?

Como você decide investir sua energia?

DIA 14
Usar conscientemente a tecnologia

INSANIDADE É CONTINUAR
SEMPRE FAZENDO A MESMA COISA
E ESPERAR RESULTADOS DIFERENTES.
ALBERT EINSTEIN

A utilização inadequada da tecnologia pode aumentar nossos níveis de estresse e ansiedade. As interrupções constantes pelo telefone e por mensagens de *e-mail* reduzem a produtividade e podem conduzir ao *burnout*, ou seja, ao esgotamento. Uma pesquisa realizada em 2019 nos Estados Unidos apontou que os norte-americanos checavam o celular, em média, 96 vezes ao dia, o que representava olhar uma vez para o celular a cada 10 minutos. Esse número quase dobrava entre pessoas com idade de 18 a 24 anos.

O uso consciente da tecnologia se tornou uma habilidade essencial para melhorarmos a qualidade da nossa atenção e não "enlouquecermos". Na era digital, se você não desenvolver essa habilidade, correrá o risco de ficar cada vez mais disperso. A sua atenção é o recurso mais precioso que você tem, e o mundo digital (jogos, *e-mails*, sites, redes sociais, etc.) disputa sua atenção o tempo todo. Para utilizar a tecnologia de maneira consciente, pratique as estratégias apresentadas a seguir.

- DESLIGUE O MAIOR NÚMERO POSSÍVEL DE NOTIFICAÇÕES DE SEU CELULAR. Receber atualizações o tempo todo pode mantê-lo informado, mas também distraído.

- FAÇA SUAS REFEIÇÕES COM O CELULAR DESLIGADO E TIRE-O DE SEU CAMPO DE VISÃO. Olhar para o dispositivo já pode desencadear a ansiedade de saber qual será a próxima mensagem a chegar.

- OPTE POR ALGUNS PERÍODOS SEM UTILIZAR SEU CELULAR – por exemplo, ao fazer refeições ou participar de uma reunião.

- NÃO UTILIZE CELULAR NO QUARTO. Muitas pessoas usam o celular como despertador. Entretanto, se você se distrair com ele, tenderá a reduzir momentos de intimidade com o seu parceiro.

- REDESCUBRA O PAPEL: em vez de ler no seu *tablet* ou no celular, lembre-se de que você tem a possibilidade de voltar a ler textos impressos em papel.

- AO USAR O COMPUTADOR OU O CELULAR, CONFIRA PERIODICAMENTE COMO ESTÃO A SUA POSTURA E A SUA RESPIRAÇÃO. Lembre-se de que ficar olhando uma tela pequena durante muito tempo pode tensionar os músculos do pescoço. Eleve o seu celular para evitar dores.

- SE VOCÊ DIGITA COM OS POLEGARES NO SEU CELULAR, FAÇA PAUSAS para evitar fadiga muscular e utilize outros tipos de teclado para usar os demais dedos.

- MUITO TEMPO DIANTE DAS TELAS PODE CAUSAR TENSÃO NOS OLHOS, SECURA OCULAR, DORES DE CABEÇA E VISÃO TURVA. Lembre-se de piscar e de praticar a regra dos 20-06-20:

- A CADA 20 MINUTOS QUE VOCÊ OLHAR PARA UMA TELA, MUDE O FOCO DA SUA VISÃO e olhe para algo que esteja a aproximadamente 6 metros de você por 20 segundos.

Confira se você está piscando!

- Mantenha o foco em uma tela. Pode ser tentador conferir mensagens ou checar outras janelas enquanto estamos digitando. Todavia, o cérebro precisa de vários minutos para se recalibrar com a tarefa original.

- Se você tiver uma grande quantidade de informações em uma única tela, isso irá gerar muitas distrações. Opte por utilizar dois monitores. Para ministrar treinamentos virtuais, eu costumo deixar a apresentação em um monitor, e a "sala de bate-papo" ou *chat*, em outro monitor. Tome o cuidado de manter o seu foco de atenção em um monitor por vez.

- A cada duas horas, faça uma breve pausa para melhorar seu desempenho.

- Se você passa várias horas na frente de um computador, acrescente exercícios de alongamento na sua rotina diária.

Muitas pessoas procuram os treinamentos de *mindfulness* para melhorar a atenção e o foco. Não há nada de errado com isso. Vale aqui fazer um alerta: um dos benefícios de *mindfulness* é a melhoria da atenção, mas é muito mais do que isso. E, por melhor que seja a sua atenção, isso não dispensa a necessidade de fazer pausas para descansar a mente ao longo do dia nem exclui uma noite de sono bem dormida.

Quando você tem uma percepção apurada das suas sensações físicas, o fato de identificar as tensões no seu corpo ajuda a tomar providências antes que uma doença se instale. Eu já tive participantes que relataram que as práticas de *mindfulness* contribuíram para eles se darem conta do quão esgotados estavam, tanto fisicamente quanto mentalmente.

Se você quiser levar um único aprendizado deste livro, que seja este: preste atenção às sensações físicas e respeite seus limites. Quando falamos de tecnologia, aprenda a hora de ligar o computador e também a de desligá-lo.

Escrevendo estas linhas, eu também estou olhando para o meu colchão de ginástica portátil. Quando percebo que a cabeça "para de funcionar", está na hora de fazer uma pausa para renovar as energias.

E se você navegar distraidamente pela internet com um assunto que não tenha nada a ver com a sua tarefa atual? Não se critique, você não é o único. Vamos ressignificar esse fato? Talvez o que você considera como distração pode ser simplesmente uma necessidade física de fazer uma pausa. E se você se distraiu? E daí? Seja gentil consigo mesmo. Descomplique sua vida. Perceba a distração, reoriente suavemente sua atenção para o que estava fazendo, ou desligue o computador e vá descansar.

Você também pode optar por fazer uma caminhada com atenção plena e, em seguida, finalizar o seu trabalho. Identificar e respeitar a necessidade do seu corpo é uma atitude consciente.

PRÁTICA DO USO CONSCIENTE DA TECNOLOGIA

Para dirigir o seu foco de atenção ao momento presente, preste atenção nas sensações do seu corpo enquanto você utiliza os seus dispositivos.

Realize as etapas conforme indicado a seguir.

- 1. Quando você perceber que se distraiu ou que sua mente "se desconectou" do que está fazendo, use os seus sentidos para se reconectar ao momento presente.

- 2. Reserve um tempo para conferir como está sua postura ao usar o computador: preste atenção nas suas mãos e no movimento dos seus dedos. Também observe a pressão que você faz enquanto digita ou usa o celular.

- 3. Sinta as diferentes texturas dos objetos que utiliza.

- 4. Preste atenção aos sons do teclado enquanto digita.

A prática de estar atento às sensações físicas ao utilizar a tecnologia nos torna mais conscientes do momento presente.

REFLEXÃO

Qual o impacto que o uso consciente da tecnologia trouxe para a sua qualidade de vida?

Você observou que está mais calmo utilizando a tecnologia de forma consciente?

DIA 15
Acolher as emoções

AQUILO A QUE VOCÊ RESISTE, PERSISTE.
CARL JUNG

Infelizmente, fomos mais acostumados a rejeitar aquilo de que desgostamos do que a acolher o que sentimos. Quantas vezes você já ouviu frases do tipo "Eu quero me livrar desta tristeza que não me pertence" ou "Eu odeio ficar ansioso"?

Quando sentimos emoções que consideramos difíceis de lidar, podemos reprimi-las, entretanto isso não vai fazer com que elas desapareçam. Na realidade, o acúmulo de emoções negativas reprimidas pode conduzir ao estresse, à ansiedade, à depressão e à insônia.

Além disso, à medida que as pessoas reprimem emoções com as quais têm dificuldade de lidar, elas podem desenvolver comportamentos compulsivos, usados como válvula de escape para esse desconforto. A compulsão pode ser por comida, bebida, remédios, compras, entre outros exemplos.

E por que tendemos a reprimir as emoções negativas? A maneira com que lidamos com as nossas emoções está relacionada a hábitos adquiridos no nosso desenvolvimento. É possível que tenhamos ouvido repetidamente que emoções negativas são um sinal de fraqueza, ou são erradas, ou que devemos ter vergonha delas. Certamente você já ouviu frases como "Você tem que superar!", "Seja grato", "Não seja bobo", "Homem não chora", e assim por diante.

Uma das bases da atenção plena é a aceitação, o que significa ver como as coisas são no momento presente. Se você está com dor de cabeça, aceite que está com dor de cabeça. Se você está com raiva, aceite que está com raiva. Só aumentamos a tensão quando resistimos ao que já é um fato. Kabat-Zinn afirma, em *Viver a catástrofe total*, que é necessário aceitar a si mesmo, antes que uma mudança real aconteça. O autor completa afirmando que fazer isso é ato de autocompaixão e inteligência.

A respeito da aceitação, o autor Tim Desmond faz uma observação interessante em seu livro *Como ser pleno num mundo caótico*:

> [A ACEITAÇÃO] AJUDA PORQUE ODIAR NOSSO PRÓPRIO SOFRIMENTO E LUTAR CONTRA ELE SÓ VAI PIORÁ-LO. TEMEMOS O NOSSO MEDO, ODIAMOS A NOSSA RAIVA, FICAMOS DEPRIMIDOS COM A NOSSA DEPRESSÃO. SE EU JÁ SOFRO COM AS COISAS RUINS EM MINHA VIDA OU NO MUNDO, É ÓBVIO QUE ODIAR A MIM MESMO NÃO VAI AJUDAR EM NADA.
>
> (DESMOND, 2020, P. 42)

Para lidar com as emoções sem que as reprima, considere as ideias apresentadas a seguir.

- ≡ IDENTIFIQUE SEU PADRÃO DE PENSAMENTO. Nós fomos habituados a tentarmos nos livrar de emoções negativas ou de sensações desagradáveis. Isso é apenas um hábito e pode ser mudado. Substitua o pensamento "Eu não quero me sentir ansioso" por "Tudo bem eu me sentir assim". Essa é uma estratégia que lhe permite substituir a aversão causada por uma emoção desagradável por uma atitude mais gentil e compreensiva consigo mesmo.

- ≡ ABRA MÃO DOS JULGAMENTOS. Emoções negativas, como vergonha, raiva, ansiedade, ciúme, inveja e culpa, fazem parte da nossa vida. Reconheça a presença delas e não se desmereça por senti-las. Observe um padrão emocional destrutivo em sua vida: você se sente mal por se sentir mal. Cuidado com o círculo vicioso: estar ansioso pode fazer com que você acredite que não é capaz de lidar com algo, o que gera ainda mais ansiedade.

- OBSERVE A SUA RESPIRAÇÃO. As nossas emoções têm impacto direto na nossa respiração. Quando estamos com raiva, a respiração pode se tornar acelerada. Nesse caso, use-a para se acalmar. Ao respirar, procure soltar o ar mais lentamente do que o inspira. Esse tipo de respiração tem efeito calmante.

- ENCARE PENSAMENTOS COMO PENSAMENTOS. Pensamentos não são fatos e não representam a verdade sobre como as coisas realmente são. Quando você perceber a sua mente voltada para pensamentos negativos ou lembranças inúteis, rotule essas distrações como "pensamentos". Em seguida, volte a observar sua respiração ou o que estiver fazendo. Neurologistas demonstraram que rotular pensamentos negativos contribui para acalmar as emoções.

- RECONHEÇA A SUA EMOÇÃO; DÊ UM NOME AO QUE ESTÁ SENTINDO. A atenção plena nos apresenta uma nova maneira de administrarmos emoções difíceis. Ao utilizar uma linguagem, é preciso dar nome às emoções. Por exemplo, "raiva", "ansiedade", "inquietação", etc. Isso diminui o seu impacto e acalma a mente.

- RECONHEÇA O SEU ESTADO EMOCIONAL E DECIDA O QUE VAI FAZER. O nosso estado emocional influencia a nossa percepção a respeito de cada momento da nossa vida. Quando estamos de bom humor, vemos uma situação de uma forma. Mas, quando estamos mal-humorados, vemos a mesma situação de maneira completamente diferente. Reconhecer o seu estado emocional permite tomar decisões de forma mais consciente. Se reconhecer que está muito ansioso em determinado momento, você poderá aguardar se acalmar para tomar decisões importantes, por exemplo.

- PRESTE ATENÇÃO AOS "GATILHOS" PARA DETERMINADAS EMOÇÕES. Se você sabe que o fato de fazer uma apresentação em uma reunião pode trazer tensão, procure fazer algumas respirações profundas antes do evento para se acalmar.

Aceitar e acolher as emoções é uma habilidade que pode ser desenvolvida. Evitá-las não nos permite enfrentá-las. Quando nos lembramos de que "está tudo bem" sentir emoções negativas, como raiva, ansiedade e inveja, entre outras, e não nos depreciamos por isso, aumentamos as chances de melhorar muito nossa saúde (física e mental). Você não está só. Ao termos consciência de que todos nós podemos sentir qualquer emoção, dirigimos o nosso foco de atenção para as semelhanças que nos unem, e não para as diferenças que nos afastam. E só isso já é um grande alívio.

Caso você experimente isolamento ou solidão ao sentir uma emoção negativa, acompanhada do pensamento "Por que só acontece comigo?" (muitas vidas retratadas nas redes sociais são mais do que perfeitas, você já reparou?), lembre-se de duas frases: "Tudo bem você se sentir assim" e "Você não está só". Está na hora de falarmos abertamente sobre isso. As emoções são universais, e todos nós podemos senti-las.

PRÁTICA DE ACOLHER AS EMOÇÕES

Em uma escala de 1 a 10 (na qual 10 represente a maior intensidade), faça o seguinte: ao observar uma emoção dolorosa ou desagradável se manifestar, procure identificar o grau de intensidade. Se esse grau for no máximo 5, em vez de se debater contra essa emoção, reconheça a presença dela.

Realize as etapas conforme indicado a seguir.

- **1.** Se for possível, dê um nome a essa emoção (por exemplo, "ansiedade").

- **2.** Concentre sua atenção nas suas sensações corporais sem tentar mudá-las. (Eu sei que isso pode ser estranho para muitas pessoas, porque estamos muito acostumados a dar mais importância ao que se passa na nossa mente em vez de observar o impacto das emoções e dos pensamentos no nosso corpo.) Para ajudar, responda à pergunta: *Como e onde você sente a emoção (no caso, a ansiedade) no seu corpo?*

  "EU SINTO UM FRIO NA BARRIGA", "EU SINTO UMA TENSÃO NO PEITO", "EU SINTO UM NÓ NA GARGANTA", "EU SINTO UMA PRESSÃO NOS OMBROS", ETC.

- **3.** Se desejar, reserve mais alguns instantes para examinar os efeitos da emoção na sua respiração. Preste atenção no ritmo da inspiração e na expiração.

Embora você possa sentir um alívio emocional com essa prática, o objetivo não é fazer a emoção desaparecer. Em alguns casos, ela pode inclusive aumentar antes de ficar menos intensa. O objetivo da prática é acolher emoções presentes e reconhecê-las. Lembre-se: para que uma mudança real aconteça, é preciso, antes, aceitar a si mesmo.

REFLEXÃO

Você sentiu algum tipo de alívio por ter acolhido suas emoções?

Você experimentou uma sensação de liberdade pelo fato de parar de se julgar por ter uma emoção negativa?

DIA 16

Espaço de respiração de 3 minutos

UMA AUTOBIOGRAFIA EM CINCO CURTOS CAPÍTULOS

POR PORTIA NELSON

CAPÍTULO I
EU ANDO POR UMA RUA.
EXISTE UM BURACO BEM FUNDO NA CALÇADA.
EU CAIO NELE.
ESTOU PERDIDO... ESTOU DESOLADO.
NÃO É MINHA RESPONSABILIDADE.
LEVOU UMA ETERNIDADE PARA ENCONTRAR UM JEITO DE SAIR DALI.

CAPÍTULO II
EU ANDO PELA MESMA RUA.
EXISTE UM BURACO BEM FUNDO NA CALÇADA.
EU FINJO QUE NÃO O VEJO.
EU CAIO DE NOVO.
NÃO ACREDITO QUE ESTOU NO MESMO LUGAR.
MAS NÃO É MINHA RESPONSABILIDADE.
AINDA ASSIM, LEVO MUITO TEMPO PARA SAIR DALI.

CAPÍTULO III
EU ANDO PELA MESMA RUA.
EXISTE UM BURACO BEM FUNDO NA CALÇADA.
EU O VEJO LÁ.
MESMO ASSIM CAIO NELE... VIROU UM HÁBITO.
MAS AGORA MEUS OLHOS ESTÃO ABERTOS.
EU SEI ONDE ESTOU.
É MINHA RESPONSABILIDADE.
E SAIO DELE IMEDIATAMENTE.

CAPÍTULO IV
EU ANDO PELA MESMA RUA.
EXISTE UM BURACO BEM FUNDO NA CALÇADA.
EU DESVIO DELE.

CAPÍTULO V
EU ESCOLHO OUTRA RUA PARA ANDAR.

A prática da atenção plena possibilita perceber e mudar hábitos arraigados: seja um comportamento, uma emoção, um pensamento. Nós fazemos muitas coisas de forma automática, rotineira, sem pensar. Para nos libertarmos de um hábito, precisamos, antes, perceber a presença dele.

Quando vivenciamos situações muito intensas, geralmente é fácil perceber os nossos sentimentos e sensações físicas. Muitas vezes, entretanto, o conflito ou as tensões podem assumir formas muito sutis. Irritação, impaciência ou frustração podem estar presentes, mas dificilmente estamos conscientes delas. O "Espaço de respiração de 3 minutos" é uma prática curta e útil para nos tornar mais conscientes do que estamos sentindo neste exato momento. Assim, essa prática contribui para:

- entrar em contato com o que você está sentindo;
- resistir ao impulso de tentar alterar ou corrigir a experiência ou de fazer algo imediatamente.

Compreender melhor o que está vivendo em determinado momento é essencial para adaptar os seus comportamentos da melhor forma possível e, assim, buscar a resposta adequada para o jeito como as coisas se apresentam na situação.

PRÁTICA DO ESPAÇO DE RESPIRAÇÃO DE 3 MINUTOS

A prática consiste em três passos, com tempo de 1 minuto, aproximadamente, para cada um.

Realize as etapas conforme indicado a seguir.

- **1. CONSCIENTIZAÇÃO.** Pergunte-se:

Como estou me sentindo agora?
O que está acontecendo dentro de mim agora?

(Concentre sua atenção na percepção interna.)

Quais pensamentos estão se passando na minha mente?
Quais sentimentos estão aqui?
Quais sensações corporais estão aqui?

Observe os pensamentos, sentimentos e sensações físicas que você está experimentando. Tente traduzir suas experiências em palavras. Por exemplo, "Estou tendo pensamentos autocríticos" ou "Percebo que eu estou tenso".

O que você está sentindo no seu corpo?

Permita-se sentir o que você está sentindo no momento atual.

2. RESPIRAÇÃO. Oriente o foco da sua atenção para sua respiração. Se desejar, concentre-se na respiração do abdômen. Preste atenção apenas na inspiração e na expiração. Se os seus pensamentos o levarem para longe, reoriente sua atenção para a respiração.

3. EXPANSÃO DA ATENÇÃO. Permita que sua atenção se expanda para o restante do corpo. Permita vivenciar todo o seu corpo no lugar onde está.

Qual é a conexão com o solo, com a cadeira?

Como está sua postura?

Como está sua expressão facial?

Conecte-se com todos os seus sentidos e perceba o que acontece ao seu redor.

O que você vê e escuta neste momento?

Faça essa prática em diferentes momentos do dia, mesmo quando estiver executando atividades rotineiras. É uma oportunidade para sair do "piloto automático" e observar o que está acontecendo dentro de você. Essa consciência do momento presente cria pausas na rotina e dá "mais espaço" para você perceber como está antes de decidir o que deseja fazer em determinada situação.

REFLEXÃO

Como você se sentiu ao perceber um hábito sem fazer autocrítica?

Perceber como você está ajudou a tomar decisões de forma mais consciente?

DIA 17

Apreciar as coisas no momento presente

VOCÊ NÃO SOFRE PORQUE AS COISAS SÃO
IMPERMANENTES.
VOCÊ SOFRE PORQUE AS COISAS SÃO IMPERMANENTES
E VOCÊ ACHA QUE ELAS SÃO PERMANENTES.
THICH NHAT HANH

O conceito de impermanência significa que tudo está se modificando e tudo passa. Eu sei que isso parece óbvio, e possivelmente nós entendemos o que esse conceito quer dizer. Mas isso não é suficiente. Não basta compreender o conceito; é preciso vivenciá-lo.

Quando compramos uma rosa, sabemos que ela não vai durar. Mesmo assim, não deixamos de admirá-la. Nós temos uma tendência a querer, a todo custo, que as coisas durem em vez de apreciá-las no momento presente. Ironicamente, o fato de não apreciarmos determinadas coisas pode gerar arrependimento quando as perdemos. São aqueles pensamentos como "Se eu pelo menos tivesse dado valor...", "Se eu pelo menos tivesse aproveitado...". Ficamos aprisionados em um padrão de pensamento que pode gerar ainda mais sofrimento.

Uma das maneiras de combater esse tipo de arrependimento é aprender a apreciar as coisas com todos seus sentidos no momento presente. Quantas vezes nós observamos pessoas pegarem desesperadamente suas máquinas fotográficas para registrar uma cena sem ao menos apreciar o que estavam vendo? Nem sei ao certo se essas pessoas irão rever a foto que tiraram. Eu sou fã de fotos, e não há nada de errado em querer registrar um momento especial. O problema é não estar plenamente presente para poder apreciá-lo.

Não tem jeito, acabamos ficando com atenção dividida: ou você se preocupa em tirar a foto, ou aprecia o momento presente. O mesmo vale para outras situações: ou você aprecia a música, ou se preocupa em "fazer um vídeo do show". Não é possível estar inteiramente presente em dois lugares ao mesmo tempo. O irônico é que a preocupação com que esse momento especial não se repita no futuro nos impede de apreciar plenamente o momento presente. Liberte-se desse hábito!

PRÁTICA DE APRECIAR AS COISAS NO MOMENTO PRESENTE

Na próxima vez em que se encontrar diante de um momento ou de uma situação de que você goste muito, mesmo que eles não se repitam no futuro – por exemplo, uma refeição com amigos, um nascer do sol, uma bela paisagem –, oriente a sua atenção para desfrutar inteiramente desses instantes. A alegria, o prazer e tudo aquilo que vale a pena viver é transmitido por meio dos nossos sentidos, justamente porque o momento é único e vale a pena desfrutá-lo plenamente. Para isso, observe sem julgar, deixe de lado qualquer expectativa e use todos os seus sentidos.

- **O QUE VOCÊ VÊ?**
- **O QUE VOCÊ OUVE? ALGUM SOM CHAMA SUA ATENÇÃO NESSA SITUAÇÃO?**
- **QUAIS ODORES VOCÊ IDENTIFICA? ESSE MOMENTO TEM ALGUM CHEIRO CARACTERÍSTICO?**
- **VOCÊ PERCEBE ALGUM SABOR QUE LHE CHAMA A ATENÇÃO?** (Se a situação envolver, por exemplo, uma refeição.)
- **O QUE VOCÊ CONSEGUE SENTIR?** (Imagine que você esteja sentado em uma grama macia observando uma paisagem, ou o frescor do vento batendo no seu rosto.)

REFLEXÃO

Faça um registro de tudo o que você vai apreciar com atenção plena no momento presente.

Você vivenciou com mais intensidade esse momento?

DIA 18

R.A.I.N. *para lidar com emoções difíceis*

A VIDA É UMA SÉRIE DE MUDANÇAS NATURAIS E
ESPONTÂNEAS.
NÃO RESISTA; ISSO APENAS CRIA TRISTEZA.
DEIXE A REALIDADE SER REALIDADE.
DEIXE AS COISAS FLUÍREM NATURALMENTE NA FORMA
COMO DESEJAREM.

LAO TZU

Alguma vez você já se sentiu sobrecarregado pelas suas emoções? Sabe aqueles dias em que a gente sente que não está se aguentando? Quando sentir que suas emoções estão insustentáveis, você pode praticar a estratégia R.A.I.N., desenvolvida por Michele McDonald, instrutora de meditação e de práticas de *mindfulness*.

Quando agimos sob a influência de emoções que nos abalam, tendemos a ficar alheios ao que realmente está acontecendo ao nosso redor e sentimos que não temos opção de escolha. A prática R.A.I.N. é útil para nos reconectarmos com o momento presente e contribui para gerenciarmos os sentimentos de maneira atenta.

PRÁTICA R.A.I.N. PARA LIDAR COM EMOÇÕES DIFÍCEIS

R.A.I.N. ("chuva", em inglês) é um acrônimo formado pelas iniciais de *recognition* ("reconhecimento"), *acceptance* ("aceitação"), *interest* ("interesse") e *non-identification* ("não identificação").

Essas palavras em inglês referem-se às etapas da prática. Realize-as conforme indicado a seguir.

- **1. RECONHEÇA E OBSERVE O QUE ESTÁ ACONTECENDO NA SUA MENTE NO MOMENTO PRESENTE.** Pode ser que você esteja sobrecarregado de trabalho, ou chateado com seu chefe ou com qualquer outra pessoa. Se for uma emoção, dê um nome para ela. É tristeza? Raiva? Aborrecimento? Reconheça a presença de emoções ou pensamentos e trate-os sem os julgar como bons ou ruins. A ideia é de que você reconheça o que está sentindo.

- **2. ACEITE A EMOÇÃO, OS PENSAMENTOS OU AS SENSAÇÕES FÍSICAS NA MANEIRA COMO SE APRESENTAM.** Sim, aceite-os, mesmo que sejam desagradáveis. Talvez você não goste de uma emoção que esteja sentindo, mas o fato é que ela está presente nesse momento. A proposta é de que você tenha uma atitude de gentileza consigo, e não de autocrítica. Você pode aceitar a emoção repetindo mentalmente a frase "Sim, é isso que estou sentindo".

≡ **3. INVESTIGUE, ENFRENTE ESSA EMOÇÃO COM CURIOSIDADE.** Quais pensamentos passam pela sua cabeça? Não leve seus pensamentos muito a sério. Eles não são a realidade em si. Se for útil, repita para você: "Um pensamento é só um pensamento". Concentre a atenção no seu corpo. Onde você sente a emoção no seu corpo?

≡ **4. NÃO SE IDENTIFIQUE, POIS <u>VOCÊ NÃO É A SUA EMOÇÃO</u>.** Nós tendemos a amplificar emoções. Encare a emoção como um evento passageiro. Tenha a seguinte atitude: "A raiva está presente e ela passará".

Pratique a estratégia sempre que possível. Quando você enfrentar algum desafio, conseguirá usá-la com mais facilidade.

REFLEXÃO
Essa prática ajudou você a se reconectar com o momento presente e a gerenciar suas emoções?

DIA 19

Arrumação consciente

TIRE, ARRUME E ORGANIZE,
NADA LHE TOMA MAIS ENERGIA
QUE UM ESPAÇO DESORDENADO
E CHEIO DE COISAS DO PASSADO DE QUE JÁ NÃO PRECISA.
DALAI LAMA

Você já perdeu tempo procurando algo que não achava? Alguma vez já identificou que acumulou coisas que não eram mais úteis e ocupavam espaço desnecessariamente? Em algum momento já olhou para um canto da sua casa que precisa de ordem e sentiu cansaço e preguiça só de pensar em arrumar? Calma, respire profundamente. Você não está só.

Desvencilhar-se das coisas que não têm mais utilidade exerce grande impacto na sua qualidade de vida. Um dos benefícios de *mindfulness* é ter consciência das coisas nas quais você decide prestar atenção.

E, novamente, um convite para a honestidade: a bagunça é dispersiva. Em primeiro lugar, um ambiente organizado permite que você encontre o que precisa com mais facilidade. Pense em quanto estresse pode ser poupado se você não perder mais tempo para achar suas coisas. Em segundo lugar, cada vez que você olha a bagunça, a sua mente "viaja para o futuro", pois se lembra de que algo precisa ser feito. Isso sem contar que você simplifica a limpeza e a manutenção da sua casa.

O entulho físico é tudo aquilo desnecessário para o seu meio ambiente. Para descartar coisas, não pense no conceito de "novo" ou "velho". O seu critério é a utilidade delas. Se você gosta do jogo de louça da sua avó e o utiliza, guarde-o. Se você avalia que o conjunto de copos que ganhou na semana passada não lhe tem utilidade, livre-se dele. Isso não quer dizer que você vai viver com um único par de sapatos e uma calça jeans. Se você quer manter uma roupa que nunca vai usar, guarde-a se ela lhe for de fato importante. A proposta deste capítulo é praticar a consciência plena para as coisas que você decide guardar ou descartar.

PRÁTICA DA ARRUMAÇÃO CONSCIENTE

- **ARRUMAR A CASA É UMA ÓTIMA OPORTUNIDADE PARA PRATICAR A ATENÇÃO PLENA.** Qualquer tarefa de casa que você faça com atenção plena se transforma em uma ocasião para dar uma pausa à sua mente. Oriente o seu foco para a atividade em si e, se a sua mente for invadida por pensamentos, reoriente a sua atenção suavemente para o que você está fazendo nesse momento. Em qualquer atividade, concentre sua atenção nos seus sentidos. Se estiver arrumando a cama, perceba a textura dos tecidos e a maciez do travesseiro, por exemplo. Preste atenção em cada coisa que esteja fazendo, em vez de terminar uma atividade "correndo" e passar para outra.

- Caso tenha optado por arrumar um espaço como o seu quarto, por exemplo, **OBSERVE COM ATENÇÃO PLENA AS SUAS SENSAÇÕES À MEDIDA QUE O SEU ESPAÇO GANHA ORDEM.** Você tem um sentimento de realização e satisfação pessoal?

- **SE VOCÊ SE SENTIR CANSADO SÓ DE PENSAR EM ARRUMAR, CHAME UM AMIGO QUE POSSA LHE DAR APOIO NESSA TAREFA.** Você verá que existem pessoas (entre as quais me incluo) que ficam felizes e cheias de energia em descartar, organizar, reciclar e limpar. É motivador encontrar alguém que tenha uma forma diferente de pensar da sua para enfrentar desafios.

- **DESCARTE O QUE NÃO LHE TEM MAIS UTILIDADE:** jogue fora, conserte, organize, recicle ou faça uma doação. Procure notar papéis, equipamentos quebrados, móveis, roupas e livros. Não é necessário ser um guru da arrumação para reconhecer que, ao descartar alguns itens, talvez isso traga à tona algumas emoções. Nós atribuímos significado às coisas, e descartar algo pode ser interpretado como perder uma conexão com o passado. Só para lembrar: nós vivemos no presente, e dar importância excessiva ao passado pode drenar sua energia.

- Para tornar o processo de descarte mais suave para aquilo de que você já não precisa mais, **ESCOLHA UMA COISA POR VEZ**:

  - Identifique o sentimento associado com a pessoa ou com o objeto.

  - Pergunte-se: "Qual finalidade isso cumpre na minha vida?".

  - Pergunte-se também: "Isso ainda cumpre alguma finalidade?".

  - Agradeça pelo que isso ou a pessoa fez por você.

  - Deixe-o ir com gratidão.

- **CONSERTE O QUE ESTÁ QUEBRADO OU O QUE INCOMODA.** A sua casa é como um jardim; ela precisa de manutenção. Sabe a dobradiça daquela porta que range ao abri-la ou fechá-la? Lembra-se daquela goteira que já estragou o seu piso? Elas não serão consertadas por obra do destino. Se isso está incomodando, conserte. É muito comum eu escutar, dos participantes de treinamentos de atenção plena, comentários como "Karim, eu nunca pensei que o barulho do chuveiro pingando me incomodasse tanto" ou "A janela emperrada do meu quarto está me irritando". O barulho do chuveiro e a janela já estavam lá, mas talvez essas pessoas não estivessem prestando atenção neles. Vou reforçar um conceito: *mindfulness* propõe coexistir com o que está presente e prestar atenção ao momento presente, e isso não significa resignação. Se a janela emperrada está irritando, conserte-a.

- **QUANDO FALO EM DESCARTE OU DESAPEGO, NÃO SIGNIFICA QUE VOCÊ DEVA SEGUIR UM ESTILO MINIMALISTA** se ele não tiver nada a ver com você. *Mindfulness* contribui para você prestar atenção no que funciona para você. Qualquer que seja o seu estilo, você vai se beneficiar com organização e limpeza, mesmo que seja um estilo "descontraído". O importante é cultivar um ambiente que lhe faça bem.

- **UMA DAS COISAS ÀS QUAIS NÃO COSTUMAMOS PRESTAR ATENÇÃO É O SOM DAS ATIVIDADES QUE PRATICAMOS.** Essa é uma outra oportunidade de praticar *mindfulness*. Recentemente, minha filha, Stella, sentou-se ao meu lado por alguns instantes e ficou em silêncio (até estranhei) enquanto eu escrevia. Depois de alguns momentos, eu perguntei: "Stella, o que você está fazendo?". Ao que ela respondeu: "Nada, só estou prestando atenção no barulinho das teclas enquanto você digita. Isso é bom, me acalma". Ao realizar as atividades, você também pode prestar atenção nos sons. Caso se distraia, oriente suavemente seu foco de atenção para os sons de novo.

- **SOBRE AS LISTAS DE CHECAGEM:** as listas de checagem podem ser muito úteis para você se lembrar do que precisa ser feito e se forem utilizadas de maneira consciente. Ellen Langer, no livro *Mindfulness*, faz uma reflexão muito interessante sobre elas, afirmando que, na primeira vez em que repassamos um *checklist*, tudo vai bem. Mas, depois, a maioria das pessoas faz isso no "piloto automático", sem atenção. Quando realizamos atividades automaticamente, corremos o risco de não prestar a devida atenção no que fazemos. (Sem falar quando anotamos as coisas e nos esquecemos de consultar as anotações!) Para diminuir as chances de acidentes, a autora sugere acrescentar perguntas que estimulem a atenção plena, trazendo as pessoas ao momento presente. É possível perguntar coisas do tipo "A cor do paciente está diferente da apresentada ontem?".

- **ORGANIZAR, LIMPAR, DESCARTAR E VIVER UMA VIDA SEM ENTULHOS É UMA GRANDE CONQUISTA**, e, para mantê-la, é preciso fazer disso um hábito. Faça periodicamente uma revisão nas suas coisas para garantir a ordem. Saiba recusar o entulho dos outros.

REFLEXÃO

Você se desvencilhou de muitas coisas, organizou e limpou ainda mais seu ambiente. Você observou qual foi o impacto em seu grau de energia?

Você se sente agora mais energizado?

Valeu a pena investir nessa prática?

DIA 20
Gratidão

QUANDO COMECEI A CONTAR MINHAS BÊNÇÃOS,
TODA A MINHA VIDA SE TRANSFORMOU.
WILLIE NELSON

A atitude de gratidão é um dos pilares de *mindfulness*: nós só podemos ser gratos quando estamos conscientes do que temos, e não do que não temos. O sentimento de gratidão significa reconhecimento, e ele é particularmente importante porque nos conecta com a noção de abundância, em vez da de escassez. O sentimento generalizado de insatisfação com a vida também é resultado de dirigirmos nosso foco de atenção para o que nos falta, em vez daquilo que já temos. Nós fomos condicionados a focar aspectos negativos e a sempre sentir que algo está faltando em nossas vidas. Você já teve esse sentimento? Eu já.

É possível desenvolver a habilidade de apreciar as coisas praticando a gratidão. Como menciona o monge budista britânico Gelong Thubten, em *Lições de um monge para viver no século 21*:

> VOCÊ PODE, CONTUDO, APRENDER A SER GRATO E
> APRECIAR AS COISAS. É POSSÍVEL TREINAR ISSO E
> APROVEITAR TUDO DE VERDADE. VOCÊ NÃO DEIXARÁ DE
> CONQUISTAR SEUS OBJETIVOS, APENAS BUSCARÁ FORMAS
> DE SE SENTIR REALIZADO NO MOMENTO PRESENTE E TER
> UMA MENTE MAIS POSITIVA.
> (THUBTEN, 2020, [N. P.])

PRÁTICA DA GRATIDÃO

Reserve regularmente um momento para dirigir sua atenção para as suas sensações no momento presente. Preste atenção na sua respiração, no contato dos seus pés no chão, sinta o peso do seu corpo na cadeira.

Realize as etapas conforme indicado a seguir.

- **1.** Identifique três coisas pelas quais você pode ser grato agora: pode ser uma coisa, uma pessoa, o que você desejar.
- **2.** Se preferir, escreva as três coisas pelas quais você pode ser grato.
- **3.** Tendo em mente uma coisa por vez, permita-se sentir gratidão por elas. Observe como você se sente.
- **4.** Para terminar a prática, oriente suavemente sua atenção para a sua respiração ou para alguma sensação do seu corpo.

Invista nessa prática por pelo menos um mês diariamente para fortalecê-la.

IDEIAS PARA PRATICAR

≡ Com crianças, uma forma simples de explicar o conceito de gratidão é a seguinte: gratidão é quando nos sentimos felizes pelas pessoas ou coisas que temos nas nossas vidas.

≡ Você pode pedir para que elas falem coisas pelas quais são gratas. Se quiserem, poderão escrever. Antes de dormir, eu peço para a minha filha me contar três coisas pelas quais ela foi grata no dia.

≡ Se alguma criança lhe perguntar por que praticar a gratidão (a minha filha perguntou aos 6 anos), você poderá dar uma explicação do tipo: na vida, sempre acontecem coisas que nos deixam felizes, e outras, tristes. Se nós prestarmos atenção somente nas coisas tristes, vamos reparar somente nelas e nos esqueceremos das coisas boas. Por isso, é importante lembrar as coisas boas, mesmo que elas sejam pequenas, como brincar com os avós, brincar com os amigos, nadar em um dia quente…

REFLEXÃO

A prática da gratidão teve impacto no seu bem-estar?

Você se sente mais capaz de reconhecer e apreciar as coisas que estão presentes na sua vida?

DIA 21
Expressar a gratidão para outras pessoas

SENTIR GRATIDÃO E NÃO A EXPRESSAR
É COMO EMBRULHAR UM PRESENTE
E NÃO O ENTREGAR A NINGUÉM.
WILLIAM ARTHUR WARD

Todos nós temos necessidade de reconhecimento. Expressar a gratidão faz bem a quem recebe e não custa nada a quem dá. Eu não estou me referindo a dizer "Obrigado" por uma convenção cultural ou por simples educação. Estou me referindo a verbalizar um "Obrigado" com sentimento de gratidão sincero.

Em um contexto profissional, vários estudos demonstram que, quando temos conhecimento sobre o impacto positivo que o nosso trabalho exerce sobre os outros, ficamos mais engajados ou comprometidos com o que fazemos. Em outras palavras, tendemos a nos engajar quando compreendemos a relação entre o que fazemos e a repercussão que isso terá na vida de outras pessoas.

O fato de não nos sentirmos reconhecidos pode gerar desgaste nos relacionamentos e desmotivação. Você já ouviu alguém dizer "Aqui ninguém reconhece o que eu faço"? Quando essa pessoa falou isso, você observou se ela estava cheia de energia ou desmotivada?

Nós estamos interconectados, e o que fazemos tem impacto sobre os outros. Quando você alcança algum resultado na sua vida, você tem o hábito de agradecer às pessoas que contribuíram para isso? Essa é uma ótima prática para dar valor ao que temos no momento presente e olhar mais para os outros.

PRÁTICA DE EXPRESSAR A GRATIDÃO PARA OUTRAS PESSOAS

Realize as etapas conforme indicado a seguir.

- **1.** Sente-se da maneira mais confortável para você.
- **2.** Reserve alguns instantes para orientar sua atenção à respiração ou a outra sensação do seu corpo. Não procure mudar nada.
- **3.** Identifique alguma pessoa a quem você queira demonstrar o seu reconhecimento ou a sua gratidão: pais, namorado, namorada, filhos, amigos, colegas, sua equipe...
- **4.** Ao pensar nessas pessoas, perceba se você sente sinceramente algum impulso de expressar a sua gratidão. Não tenha pressa; espere identificar um sentimento genuíno para se expressar. O que conta mesmo são os sentimentos, e não as palavras.
- **5.** Aproveite essa vontade e registre por escrito aquilo pelo que você é grato. Em seguida, faça contato com essa pessoa (por exemplo, envie uma mensagem, ou fale com ela, ou telefone).
- **6.** Caso não se sinta à vontade para falar diretamente com a pessoa, escreva ou envie um áudio.

IDEIAS PARA PRATICAR

≡ Uma boa prática para "sairmos" das nossas experiências individuais e darmos valor às coisas é reconhecer o quanto estamos interconectados e somos interdependentes. Na próxima vez em que você tomar um gole de café pela manhã, envie um "obrigado mental" à pessoa que colheu o café (às vezes, em um país distante do seu) ou a qualquer outra que tenha contribuído para que ele chegasse até você.

≡ Essa prática também contribui para as crianças valorizarem o que têm. Pergunte aos pequenos: "Quem ajudou para que este brinquedo (ou este doce, ou esta fruta, ou este pão) chegasse até você? Vamos enviar um obrigado mental para essa pessoa?".

≡ Antes de começar um treinamento e agradecer a presença aos participantes, eu peço a eles que agradeçam mentalmente também às pessoas que contribuíram para que pudessem estar presentes naquele momento. Esse reconhecimento gera um efeito imediato de mais calma e promove um sentimento de gratidão coletivo.

REFLEXÃO

A prática de expressar a gratidão aos outros contribuiu para você prestar mais atenção nas pessoas?

Qual foi o impacto em você?

DIA 22
Bondade em ação

PEQUENAS COISAS COM UM GRANDE AMOR.
NÃO IMPORTA QUANTO TEMOS A FAZER,
MAS QUANTO AMOR COLOCAMOS NAQUILO QUE FAZEMOS.
NÃO IMPORTA O QUANTO TEMOS PARA DAR,
MAS QUANTO AMOR COLOCAMOS NAQUILO QUE ESTAMOS
DANDO.

MADRE TERESA DE CALCUTÁ

Atos de gentileza e bondade na nossa sociedade não costumam dar audiência. Muitos vídeos, *reality shows* e programas campeões de audiência exibem pessoas em situações humilhantes e embaraçosas. O nosso cérebro aprende por repetição e prática. Como poderemos despertar a nossa melhor versão com esses exemplos? O perigo é acreditarmos que isso é normal. Existe um provérbio chinês que eu adoro:

*Quando uma árvore cai no meio
da floresta e ninguém a vê cair,
não significa que ela não caiu.*

Não é porque a mídia não costuma dar destaque para atos de bondade e gentileza que eles não existem. A boa notícia é que você sempre pode decidir, qualquer que seja a situação, o que o vai cultivar e como vai agir.

A vida pode nos apresentar muitos desafios: estresse, doenças, problemas de relacionamento, reprovação em prova, decepção amorosa, etc. Independentemente das nossas melhores intenções, as coisas podem sair de maneira completamente diferente daquela que esperávamos. E, às vezes, avaliamos que as coisas "deram errado" ou que "fracassamos".

Como reagimos a essas coisas? Sentimos vergonha, culpa e podemos ser muito autocríticos: "O que há de errado comigo?", "Por que não posso fazer isso?", "Por que isso só acontece comigo?". As reações que temos em relação a nós mesmos costumam ser implacáveis. Muitas vezes, quando falhamos, a nossa autocrítica aumenta, enquanto o perdão e a gentileza são esquecidos – justamente, em um momento no qual a gentileza e a compaixão são fundamentais, visto que têm o poder de transformar a negatividade.

Mas, afinal de contas, o que significa compaixão? Ter compaixão por alguém significa ter a habilidade de compreender o sofrimento da pessoa, habilidade essa que vem acompanhada do desejo de reduzir o sofrimento. A intenção de fazer algo para ajudar a outra pessoa define a compaixão.

Como reflete a autora Ruby Wax em seu livro *How to be human*, a autocompaixão vem primeiro, pois, se não aprendermos a termos compaixão conosco, não seremos capazes de sentir compaixão pelos outros. No entanto, se você for gentil consigo mesmo, provavelmente também será gentil e generoso com as pessoas ao seu redor. A boa notícia é que a compaixão, a gentileza e a generosidade podem ser desenvolvidas.

PRÁTICA DA BONDADE EM AÇÃO

Que tal colocar a bondade em ação? Você pode praticar a bondade de diversas maneiras.

- **OFEREÇA UM PRESENTE A VOCÊ.** Muitas vezes, somos generosos com os outros e nos esquecemos de praticar a generosidade conosco. Ofereça-se um presente: pode ser algo simples, como se permitir alguns momentos de silêncio, ter alguns instantes sem fazer nada, passar mais tempo com pessoas queridas.

- **LEMBRE-SE DE MOMENTOS DE GENTILEZA.** Reserve alguns instantes para se recordar de momentos nos quais você observou ou vivenciou situações de gentileza e generosidade. Procure se lembrar dessas ocasiões com o maior número possível de detalhes. Viu só? Você e o mundo estão repletos de generosidade e gentileza.

- **LIBERTE-SE DA CULPA.** Sabe quando algo dá errado e a gente se critica duramente? E fica se culpando porque não agiu de outra maneira? Está na hora de deixar o passado no passado e se libertar da culpa. Você fez a melhor escolha possível de acordo com os recursos que tinha naquele momento. Reconheça que não há nada de errado com você, mesmo que não tenha chegado ao resultado esperado.

- **DÊ O PRIMEIRO PASSO PARA AJUDAR ALGUÉM.** E, se você não puder fazer nada pela pessoa, ofereça a sua atenção plena e a sua presença. Isso já é suficiente.

- **DEFENDA OUTRAS PESSOAS QUANDO FOREM TRATADAS INJUSTAMENTE.**

- **FIQUE FELIZ POR ALGUÉM QUANDO ESSA PESSOA FOR BEM-SUCEDIDA.** E aproveite para falar isso para ela. Seja sincero.

Cultivar a compaixão, a generosidade e a gentileza consigo e com os outros tende a fortalecer e melhorar os seus relacionamentos. São habilidades essenciais para nos libertarmos do hábito de nem sempre prestarmos atenção às pessoas mais importantes para nós.

IDEIAS PARA PRATICAR

Como dito antes, muitas vezes a gentileza e a bondade são confundidas com o conceito de educação. Às vezes nos sentimos obrigados a fazer algo "por educação".

Para agir com mais espontaneidade, lembre-se de um momento em que ajudou alguém não porque foi obrigado, mas porque desejou fazê-lo. Seja um amigo, um familiar, alguém do seu trabalho. Resgate essa memória com o maior número possível de detalhes. Recordar esses momentos fortalece a prática da gentileza de maneira natural e espontânea.

Com esse momento de bondade em mente, observe como você se sente. Aproveite esse sentimento para decidir como vai praticar um ato de bondade, gentileza ou generosidade ainda hoje ou nesta semana.

REFLEXÃO

Reserve alguns instantes para refletir sobre como você se sente em oferecer ou receber ajuda.

O que é mais fácil para você?

Como você pode desenvolver ainda mais essa prática?

DIA 23

Empatia

QUANDO VOCÊ AMA ALGUÉM, O PRESENTE MAIS PRECIOSO
QUE VOCÊ PODE OFERECER É A SUA PRESENÇA.
COMO VOCÊ PODE AMAR SE VOCÊ NÃO ESTÁ PRESENTE?

THÂY

Eu gosto muito da definição do filósofo Roman Krznaric, para quem a empatia é capacidade de nos colocarmos no lugar de outra pessoa, a fim de compreender seus sentimentos e perspectivas, e usar essa compreensão para guiar nossas ações. Acrescento que a empatia é a habilidade de colocar-se no lugar do outro e entender o ponto de vista dele, sem o julgar. Isso não significa concordar com a pessoa. Entender o ponto de vista dela facilita a comunicação, fortalece e melhora o relacionamento e gera compreensão mútua.

A empatia permite que nos conectemos emocionalmente com os outros e percebamos o que acontece no meio ambiente. Os seres humanos têm necessidade de serem vistos, de serem ouvidos e de se sentirem valorizados. Ressalto isso em meu livro *Liderança é uma questão de atitude*: ninguém gosta de sentir-se ignorado, e um dos fatores que fortalece os relacionamentos é as pessoas perceberem que você se importa sinceramente com elas. Todos nós somos capazes de ser empáticos em algum grau. A empatia é uma habilidade inata, mas pode ser desenvolvida com as práticas da atenção plena.

Tenha em mente que a empatia pode acontecer de diferentes formas, e tudo começa com uma escuta atenta. Para isso, é preciso nos libertarmos dos julgamentos, pensamentos, desejos, intenções, pelo menos temporariamente, enquanto escutamos a pessoa. E, finalmente, se você quer ser escutado pela pessoa, escute-a primeiro. Esse é o princípio da reciprocidade.

PRÁTICA DA EMPATIA

Por vezes, sentimos a empatia de forma tão intensa que tememos nos perder na experiência de outra pessoa. Podemos ficar submersos nos sentimentos do outro e nos perder em nossas emoções e nossos pensamentos. Ironicamente, esse é o motivo pelo qual às vezes conseguimos demonstrar mais empatia por pessoas que acabamos de conhecer do que por aquelas com quem temos uma grande conexão emocional.

Para evitar se perder na experiência da outra pessoa, dirija o seu foco de atenção para a consciência do seu corpo. Você não é a outra pessoa (eu sei que isso é óbvio, mas é muito fácil mergulhar no sentimento do outro quando emoções fortes estão presentes). Em vez de dirigir o seu foco de atenção para seus pensamentos (porque você pode "alimentar" ainda mais essa emoção), dirija a sua atenção às sensações físicas:

- **PRESTE ATENÇÃO NO CONTATO DOS SEUS PÉS COM O SOLO.** Se necessário, tire os sapatos – o contato com o "chão frio" vai trazer você de volta para o momento presente.
- **ORIENTE SUA ATENÇÃO PARA A SUA RESPIRAÇÃO.** (Quando passamos por emoções intensas, esquecemos isso.)
- **SINTA O CONTATO DAS SUAS MÃOS** com um objeto qualquer.
- **SINTA OS LIMITES FÍSICOS DA SUA PELE.** (Isso também separa você da outra pessoa.)
- Em algumas situações, lance mão de um recurso "externo". Por exemplo, tocar algo, como uma garrafa de água, ou jogar água no rosto pode fazê-lo acordar para o momento presente.

IDEIAS PARA PRATICAR

≡ O simples fato de prestar atenção a si mesmo, sem se criticar, tomando consciência de suas emoções, seus sentimentos e seus pensamentos, sem tentar mudá-los, é uma forma de criar empatia consigo mesmo.

≡ Identifique o que bloqueia a empatia: fatores como estresse, exaustão, emoções muito intensas podem bloquear o acesso à nossa empatia natural, e nessas circunstâncias podemos ter dificuldade para nos colocarmos no lugar da outra pessoa.

≡ Se você por algum motivo você não conseguir prestar atenção à pessoa, reconheça o fato e, se for possível, retome a conversa em outro momento. Você pode falar algo como "Estou muito cansado e com fome e, se eu me conheço bem, não vou conseguir assimilar tudo agora. Podemos conversar amanhã cedo?".

≡ Não dê conselhos antes de perguntar se a pessoa quer ouvi-los. Outra armadilha que nos impede de ter empatia é a necessidade que temos de "fazer" com que a pessoa se sinta melhor. Quando tentamos isso, perdemos a conexão com o outro, porque tendemos a prestar mais atenção ao que vamos falar em seguida e deixamos de escutá-lo com atenção plena. Estar presente para a pessoa, escutando-a com atenção plena, já é muito confortante.

≡ Estabeleça limites saudáveis entre você e a pessoa. A empatia requer autoconhecimento. A criação de limites saudáveis visa diminuir a perda de energia conhecida como "fatiga por compaixão" ou síndrome de desgaste por empatia (SDE). A síndrome recebeu esse nome do psicólogo Charles Figley e se refere à exaustão emocional que certos profissionais sofrem por trabalhar com clientes traumatizados. Apesar de ser mais comum em terapeutas e profissionais da saúde, a SDE pode ocorrer com qualquer pessoa, e, nessa situação, sentimos que somos "engolidos" pelos sentimentos dos outros.

REFLEXÃO

Você está realmente presente para as pessoas importantes na sua vida?

Como você pode estar cada vez mais presente para elas?

DIA 24
Bondade amorosa

NÓS TODOS SOMOS BASICAMENTE OS MESMOS SERES HUMANOS QUE BUSCAM FELICIDADE E TENTAM EVITAR O SOFRIMENTO.

DALAI LAMA

Nós estamos todos conectados e, qualquer que seja o seu estilo de vida, cuidamos em maior ou menor grau de nós mesmos e dos outros – seja da sua família, do grupo de amigos, da sua equipe de trabalho. A necessidade de amar-se e cuidar de si e dos outros está presente em muitas tradições e culturas desde a Antiguidade.

A prática da bondade amorosa cultiva a gentileza, a bondade, a generosidade e a empatia consigo e com os outros, para pessoas que nós conhecemos ou não. Sobre essa prática, Shamash Alidina faz uma observação perspicaz no livro *Mindfulness para leigos*. O autor afirma que a empatia funciona porque toca um importante aspecto dos seres humanos: simplesmente não conseguimos sentir raiva e simpatia ao mesmo tempo: alimentando uma, tiramos a outra de seu lugar.

Pesquisas científicas conduzidas por diversos autores, particularmente pela psicóloga Barbara Fredrickson e por seus colegas, demonstraram que essa prática tem efeitos positivos em relação tanto ao bem-estar (incluindo a redução de sintomas de doenças) quanto ao apoio social.

Quando percebemos que estamos ficando muito autocríticos e temos pensamentos do tipo "O ser humano não tem jeito", "Não existem funcionários comprometidos", ou quando sentimos um fundo de ressentimento ou negatividade com alguns grupos de pessoas – nossos chefes, políticos ou até a humanidade inteira –, é hora de fazer algo a respeito, e esta prática é muito útil. Pratique quando sentir que está ficando amargo ou, simplesmente, para cultivar o amor, a bondade e a generosidade.

PRÁTICA DA BONDADE AMOROSA

Realize as etapas conforme indicado a seguir.

- **1.** Você pode praticar sentado, deitado e até andando. O mais importante são as suas intenções. Adote uma postura confortável e alerta. Mantenha os olhos fechados ou entreabertos.

- **2.** Sinta a sua respiração por alguns instantes e, se perceber alguma distração – um pensamento, por exemplo –, com gentileza oriente sua atenção novamente para a respiração.

- **3.** Escolha uma pessoa muito querida, por quem você tenha naturalmente sentimentos afetuosos. Pode ser uma pessoa que você ama e respeita ou uma pessoa que o inspira. Imagine essa pessoa e sinta a presença dela. Quando estiver pronto, expresse sinceramente coisas que você deseja para ela, repetindo mentalmente as seguintes frases:

QUE VOCÊ SEJA FELIZ.[1]

QUE VOCÊ ESTEJA LIVRE DE QUALQUER FORMA DE PERIGO.

QUE VOCÊ TENHA SAÚDE A VIDA INTEIRA.

QUE VOCÊ VIVA EM PAZ.

- **4.** Agora substitua suavemente essa pessoa pela sua própria imagem e faça os mesmos votos para você. Sinta a intenção sincera das suas palavras.

---

[1] Essa prática provém do livro *Caderno de exercícios de atenção plena*, de Ilios Kotsou.

5. Você pode enviar esses votos a um conhecido por quem tenha sentimentos neutros.

6. Caso deseje, você pode enviar a bondade amorosa para pessoas difíceis, ou para alguém de quem não gosta. Se você não se sentir à vontade ou avaliar não está sendo "verdadeiro", tudo bem. Se, ao pensar na pessoa difícil, notar que as emoções negativas estão muito fortes, interrompa a prática. Isso se torna mais uma batalha do que uma bondade amorosa.

7. Você pode ampliar a prática da bondade amorosa fazendo os mesmos votos incluindo seus amigos, colegas e até todos os seres vivos.

Se você não sentir nada ao dizer as frases, poderá escolher outra pessoa se desejar. O que conta é a sua intenção e a sua empatia no processo.

É bastante comum ficarmos muito emotivos, principalmente quando enviamos bondade amorosa a nós mesmos. Essa é uma oportunidade para lembrar que, às vezes, tratamos os outros com muito mais gentileza do que a nós mesmos. Talvez, ao longo da vida, tenhamos utilizado conosco muito mais palavras críticas do que amáveis. Isso pode gerar sentimentos desconfortáveis. Continue com a prática e experimente esses sentimentos conforme são liberados. Essa é uma parte saudável e natural do processo. Ou interrompa a prática e a retome em outro momento.

Essa prática pode trazer cura profunda. Pratique-a com frequência quando desejar, inclusive com crianças. Eu pratico com minha filha desde os 6 anos de idade, utilizando uma linguagem adequada aos pequenos.

REFLEXÃO

Como você se sentiu ao praticar a bondade amorosa?

Você identificou que, às vezes, trata os outros com mais gentileza do que à sua própria pessoa?

DIA 25

Discurso amoroso para cultivar a segurança psicológica

A CONFIANÇA É A MAIS ALTA FORMA
DE MOTIVAÇÃO HUMANA.
EXTRAI O MELHOR DAS PESSOAS.
STEPHEN COVEY

Muito discutidos atualmente, o bem-estar e a saúde mental dos trabalhadores tiveram sua importância reconhecida apenas no século XX. Mas o conceito de segurança psicológica ainda se encontrava mais restrito ao meio acadêmico. Foi no final de 2014 que ele se popularizou, após o Google publicar o resultado de uma pesquisa conhecida por Projeto Aristóteles. Realizada durante dois anos com mais de 180 grupos, essa pesquisa buscava identificar o que diferenciava as equipes de alto desempenho das demais.

Mas, afinal de contas, o que é segurança psicológica? Amy Edmondson, estudiosa em aprendizado organizacional e professora de Harvard, afirma que esse conceito descreve o clima de uma equipe caracterizado por confiança interpessoal e respeito mútuo, em que as pessoas se sentem confortáveis para serem elas mesmas. Segundo ela, esse fator influencia a melhoria da qualidade, da aprendizagem e da produtividade.

A segurança psicológica reflete a qualidade dos relacionamentos que os trabalhadores têm com seus gestores e pares. A pesquisa do Google revelou que as equipes de alta performance tinham uma característica em comum: as pessoas sentiam-se psicologicamente seguras.

Nesse tipo de ambiente, os colaboradores assumem mais riscos calculados e tomam decisões mais rápidas. Se você trabalha em um ambiente de respeito mútuo, onde sente confiança para assumir riscos, fazer perguntas e compartilhar ideias "loucas" sem sofrer críticas por isso, você trabalha com segurança psicológica.

A intensa coleta de dados da pesquisa do Google confirmou o que os bons gestores sempre souberam. Nas melhores equipes, a segurança psicológica está presente, pois, além de as pessoas se sentirem seguras para serem elas mesmas, os membros escutam uns aos outros, preocupando-se genuinamente.

Faça uma pausa e reflita, por alguns instantes, sobre os momentos em que você deixou de falar ou perguntar algo porque teve receio de ser ridicularizado (talvez até ameaçado) no ambiente de trabalho. Quem não conhece uma história de horror sobre um profissional que deixou um emprego porque não aguentou um gestor abusivo ou um ambiente tóxico? As coisas não precisam ser assim. Ainda temos muito a melhorar, trabalhando para fortalecer uma cultura que favoreça a segurança psicológica.

E o que a atenção plena tem a ver com isso? Pense na segurança psicológica como o oposto da ansiedade. As organizações que têm altos níveis de segurança psicológica reduzem naturalmente o grau de estresse. Não é possível despertar o melhor das pessoas sob condições de grande estresse ou de insegurança e medo.

Quando somos submetidos a um estresse excessivo, é pouco provável que tenhamos bom desempenho, pois o nosso mecanismo de defesa é ativado. Como reação, ficamos bloqueados, ou atacamos, ou fugimos. Nesse caso, diminuímos as chances de encontrar soluções para os desafios apresentados.

DESENVOLVENDO A CULTURA DE SEGURANÇA PSICOLÓGICA

Para desenvolver uma cultura de segurança psicológica é preciso construir relacionamentos que demonstrem respeito, reconhecimento e interesse genuíno nas pessoas, em todos os níveis de uma empresa ou de um grupo.

As estratégias apresentadas a seguir são indicadas para profissionais que trabalham com pessoas ou com coordenação de equipes e que desejam cultivar a segurança psicológica.

≡ COMUNICAÇÃO

- Dê oportunidade para que todos expressem suas opiniões.

- Respeite diferentes pontos de vista.

- Enfrente conflitos de forma construtiva.

≡ RECONHECIMENTO

- Reconheça as pessoas pelos seus esforços e conquistas.

≡ APOIO

- Valorize a cooperação, estimulando as pessoas a pedirem ajuda quando precisarem.

- Crie um ambiente seguro para que as pessoas apresentem problemas e temas difíceis.

- Estimule a criação de sugestões para fazer mudanças e melhorias.

≡ CUIDADO

- Dê *feedback* com sinceridade e no tempo adequado, para contribuir para o desenvolvimento do outro.

- Demonstre interesse pela vida pessoal e familiar dos membros.

≡ APRENDIZAGEM

- Elimine a cultura da culpa. Quando enfrentar um problema, em vez de buscar culpados, oriente o foco de atenção para as soluções.

- Estimule uma cultura de aprendizagem. Quando aprendemos com os erros, temos maiores chances de assumir mais riscos calculados, e isso favorece a criatividade e a inovação.

LIDERANÇA

Quando pensamos em liderança, as ações falam mais alto do que as palavras. Em um mundo repleto de incertezas, no qual a inovação é condição necessária para que as empresas se adaptem aos novos desafios, cultivar um ambiente com segurança psicológica passa a ser uma prioridade.

O desafio é abordar uma nova perspectiva para a forma como entendemos a liderança. Entre as estratégias que fortalecem a segurança psicológica, temos:

≡ mostrar abertura para escutar os problemas enfrentados pelos membros da equipe, sem os criticar;

≡ solicitar a colaboração de diversas áreas para resolver problemas;

≡ demonstrar consideração pelos sentimentos dos outros;

≡ como dito anteriormente, estimular a aprendizagem contínua e dar *feedback* de maneira transparente;

≡ liderar de forma autêntica, com integridade e honestidade;

≡ ter a postura de pedir ajuda, quando necessário.

NA VIDA PESSOAL

O conceito de segurança psicológica pode e deve ser praticado na sua vida pessoal também. Como esperar que o seu filho desperte a melhor versão de si se ele convive em um ambiente de insegurança e medo? Às vezes, algumas pessoas – inclusive jovens – simplesmente não confiarão em você e reagirão com suspeita. Provavelmente, elas já tiveram experiências negativas no passado.

No livro *A arte de viver e trabalhar em plena consciência*, o monge budista Thich Nhat Hanh afirma que essas pessoas procuram algo em que acreditar, buscando por amor e compreensão, e vagam como fantasmas famintos, sem nunca ficarem satisfeitas:

> NA TRADIÇÃO BUDISTA, O FANTASMA FAMINTO É UM ESPÍRITO BARRIGUDO QUE SEMPRE TEM FOME. APESAR DE SUAS BARRIGAS SEREM AMPLAS, ELES NÃO CONSEGUEM COMER MUITO, POIS TÊM GARGANTAS ESTREITAS, DA LARGURA DE AGULHAS, ENTÃO SUA CAPACIDADE DE ENGOLIR COMIDA É MUITO PEQUENA. POR TEREM GARGANTAS TÃO PEQUENAS, ESSES ESPÍRITOS NUNCA CONSEGUEM COMER ATÉ FICAR SATISFEITOS.
>
> (HANH, 2017, P. 69-70)

Essa imagem é útil para nos lembrar de que, apesar de algumas pessoas desejarem amor e compreensão, elas têm uma capacidade muito pequena para recebê-los. Por esse motivo, o autor reforça que a prática da paciência, do amor e da compreensão deve ser contínua.

Para ganhar a confiança dessas pessoas, é preciso tempo. A confiança é muito preciosa, porque confiar em alguém sempre constitui um risco, e é necessário que você se sinta seguro e não tenha medo dessa pessoa. Para construir um relacionamento com base na confiança, faça com que suas ações sejam uma expressão das suas palavras, cumpra com o combinado e cultive a segurança psicológica. Isso só é possível com a prática do discurso amoroso.

PRÁTICA DO DISCURSO AMOROSO PARA CULTIVAR A SEGURANÇA PSICOLÓGICA

Reforçando: o discurso amoroso é um convite para as pessoas expressarem suas dificuldades, e por esse motivo é importante estarmos abertos e prontos para escutar o outro.

- Preste atenção ao impacto que a sua comunicação tem sobre a outra pessoa.

- Tenha cuidado com as palavras que você utiliza e com a sua linguagem não verbal (gestos e tom de voz). O *como* você fala é tão importante quanto *o que* você fala (Quem sabe, até mais importante.)

- Observe se você usa repetidamente alguma palavra que aumenta a tensão na comunicação.

- Demonstre atenção e interesse genuínos na outra pessoa.

- Ao falar, evite palavras que critiquem ou julguem: isso torna as pessoas mais abertas para nos escutarem.

- Fale com calma, amor e compreensão. Evite falar com raiva.

- Pense nas necessidades da outra pessoa e em como você pode ajudá-la.

- Aja de maneira honesta e se coloque à disposição para escutar.

REFLEXÃO

Você pode praticar o discurso amoroso em um contexto pessoal ou profissional. Com quem você vai praticar o discurso amoroso?

Você deseja eliminar alguma palavra ou expressão que utiliza com frequência e que tem um impacto negativo nos outros?

Qual é essa palavra ou expressão?

DIA 26

Fazer e aceitar elogios sinceros

SE AS CRIANÇAS VIVEM COM OS ELOGIOS,
APRENDEM A APRECIAR.
SE AS CRIANÇAS VIVEM COM ACEITAÇÃO,
APRENDEM A AMAR.
SE AS CRIANÇAS VIVEM COM APROVAÇÃO,
APRENDEM A GOSTAR DE SI MESMAS.
DOROTHY LAW NOLTE

Ao contrário do que se pode imaginar, os elogios sinceros não têm o poder de estragar a outra pessoa nem estimulam a sua arrogância. Um elogio sincero contribui para motivar, melhora os relacionamentos e a autoestima e permite fortalecer algo que a outra pessoa faz bem (e talvez nem tenha consciência disso). Abordo essa questão em meu livro *Com a corda toda* e reitero aqui: várias pessoas se sentem desconfortáveis em fazer um elogio, e o mesmo ocorre com muitas pessoas que o recebem. Com frequência, o elogio é recebido como se fosse uma batata quente que precisa ser passada adiante o mais rápido possível, em vez de ser aceito com gratidão. Por incrível que possa parecer, muitos têm dificuldade em aceitar coisas que, em tese, deveriam ser agradáveis de receber, como um elogio ou uma demonstração de carinho e amizade.

Receber mensagens positivas e elogios sinceros de outras pessoas não irá melhorar o seu bem-estar se você rejeitá-los. Em outras palavras, mesmo que você seja elogiado sinceramente, isso não terá impacto positivo se você não o aceitar com gratidão.

É aqui que atenção plena pode ajudar. Quando você observa os seus pensamentos e suas reações habituais com atenção plena, sem julgamentos, pode identificar quando estão sendo úteis ou não, e isso lhe dá poder de escolha. Você está demonstrando abertura para vivenciar experiências positivas ou só cultiva experiências negativas?

Vou fazer uma distinção importante: vivenciar todas as emoções, inclusive as negativas, faz parte da nossa existência humana. Vivenciar uma emoção é uma coisa, cultivá-la é outra completamente diferente. Você pode sentir raiva por algum motivo qualquer, entretanto alimentar esse sentimento também depende de você. Imagine se você orientar sua atenção para ler artigos repletos de violência, assistir somente a filmes violentos, conviver em um ambiente hostil e praticar esportes violentos... onde você acha que isso vai acabar? Você acaba fortalecendo a violência...

Se você dirigir a sua atenção para o que tem e às coisas boas das quais desfruta, sentirá bem-estar e gratidão. Contudo, se você dirigir a sua atenção para o que você não tem e para tudo aquilo que está dando errado, sentirá mal-estar e frustração. Você decide aquilo em que vai prestar atenção e que deseja cultivar.

Eu fico surpreso com pessoas que acham que têm uma grande habilidade para identificar erros e defeitos. De fato, essa habilidade é útil em vários contextos – por exemplo, o profissional que fará a revisão do texto deste livro precisa ficar muito atento para identificar todos os erros de ortografia.

Agora imagine conviver com uma pessoa que vive no "modo insatisfação" e só consegue ver o lado negativo de tudo. Se chove, ela reclama da chuva; se faz sol, ela reclama do calor. Nada está bom... Você já conheceu alguém que parece que está de mal com a vida e quer descontar essa insatisfação em quem aparecer na frente?

Você já pensou no sofrimento que ela deve causar a si mesma e aos outros?

Essa é uma ótima oportunidade para praticarmos a empatia. O que está acontecendo com ela poderia acontecer comigo ou com você. Desenvolver a habilidade de vivenciar coisas positivas pode neutralizar – ou, pelo menos, reduzir – o sentimento de insatisfação.

Aqui não se trata de ficar refém dos elogios das outras pessoas, muito menos de fazer um elogio se ele não for sincero. Como explica Thich Nhat Hahn, no livro *A arte do poder*:

A PLENA CONSCIÊNCIA É A CAPACIDADE DE RECONHECER AS COISAS COMO ELAS SÃO. QUANDO VOCÊ ESTÁ ATENTO, PERCEBE O QUE ESTÁ OCORRENDO, O QUE ESTÁ ACONTECENDO AQUI E AGORA. AO RECONHECER ALGUMA COISA COMO POSITIVA, É CAPAZ DE DESFRUTÁ-LA, CONSEGUE FORTALECER E CURAR A SI MESMO APENAS IDENTIFICANDO ESSES ELEMENTOS POSITIVOS. E, QUANDO ALGUMA COISA É NEGATIVA, A PLENA CONSCIÊNCIA O AJUDA A ABRAÇÁ-LA, A CONFORTÁ-LA E OBTER ALGUM ALÍVIO.

(HANH, 2008, P. 36)

Depois de muito tempo de convívio com uma pessoa – por exemplo, em um relacionamento íntimo de vários anos –, nós tendemos a deixar de prestar atenção nela da mesma forma como acontecia no passado. É possível que, na fase de namoro, houvesse mais elogios, que foram diminuindo com o passar do tempo. E passamos a prestar menos atenção nas pessoas mais importantes para nós. Com o tempo, se passamos a enxergar somente as coisas negativas e a reclamar, isso pode virar hábito, e a relação que antes era saudável se torna tóxica. As coisas não precisam ser assim. Você pode mudar esse padrão.

PRÁTICA DE FAZER E ACEITAR ELOGIOS SINCEROS

- **AJA DE MANEIRA ESPONTÂNEA** quando você tiver vontade de fazer um elogio. Muitas pessoas têm medo de fazer um elogio para não parecerem bajuladoras. Agindo com sinceridade e leveza, é pouco provável que isso aconteça.

- **PERSONALIZE A FALA.** Incluir observações específicas demonstra que você se importa com a outra pessoa. (Se algum professor falou sobre o desempenho do seu filho na escola de forma bem genérica, é provável que você tenha tido o sentimento de que ele não estava atento ao seu filho, pois o discurso seria válido para qualquer criança...)

    - Evite: "Parabéns".
    - Prefira: "O seu bolo está delicioso... Está muito macio, e o recheio, muito saboroso".

- Se julgar adequado, **ACRESCENTE O IMPACTO POSITIVO QUE AÇÃO CAUSOU EM VOCÊ.**

    - Evite: "Parabéns".
    - Prefira: "Eu fiquei muito feliz com o fato de você ter me ligado. Eu estava me sentindo muito sozinho".

- **ELOGIAR DEPENDE DE CÓDIGOS CULTURAIS:** se você não se sentir à vontade para falar, escreva e envie uma mensagem.

MODÉSTIA E HUMILDADE

Algumas culturas valorizam a modéstia e a humildade. Nesse caso, aceitar um elogio poderia ser considerado falta de humildade e, portanto, falta de educação. Por modéstia, falso pudor ou "suposta educação", podemos rejeitar os elogios. Algumas reações comuns são as descritas abaixo.

- **DIMINUIR O ELOGIO:** "Ah! Imagina... Eu não fiz nada de mais... Qualquer um teria feito o mesmo no meu lugar".
- **RECUSAR:** "Não, eu não sou tão competente quanto você diz".
- **INSULTAR-SE:** "Até que eu não estou tão mal para um homem velho e gordo".
- **AUTODEPRECIAÇÃO:** "Você está dizendo que eu estou elegante hoje. Então isso quer dizer que nos outros dias eu estou deselegante?".

A melhor coisa a fazer, quando você receber um elogio, é aceitá-lo com gratidão. Isso não o coloca em dívida com ninguém nem dá qualquer tipo de poder para quem o elogiou.

REFLEXÃO

Você elogiou de forma espontânea e com autenticidade?

Você aceitou o elogio com gratidão?

DIA 27
Relacionar-se com atenção plena

O SEGREDO PARA VIVER MAIS E MELHOR É:
COMER PELA METADE,
CAMINHAR O DOBRO,
RIR O TRIPLO
E AMAR SEM MEDIDAS.
PROVÉRBIO TIBETANO

Estabelecer uma relação saudável com os outros é uma das formas de cultivar a felicidade. Com o passar do tempo, acostumamo-nos com o jeito de ser das outras pessoas (e elas, com o nosso). Mas a rotina pode nos levar a prestar menos atenção aos nossos hábitos e às pessoas com quem convivemos.

A proposta da atenção plena é reconhecermos nossos hábitos para termos mais opção de escolha. Não podemos mudar o que não percebemos. Reconhecer que determinados hábitos desgastam os relacionamentos é o primeiro passo para promover mudanças. O perigo está no fato de que o ser humano se adapta com facilidade. Da mesma forma que nos acostumamos com coisas boas, também nos habituamos com as ruins.

Para cultivar relacionamentos de outra maneira, podemos abandonar hábitos que não sejam mais úteis. Isso pode representar um desafio, porque você pode se perceber muito preso a determinadas formas de pensar e se comportar.

Os hábitos tendem a "amortecer" a nossa percepção. Vou diminuir o drama: um hábito é só um hábito e pode ser mudado. Comece fazendo uma revisão dos seus hábitos, desde dizer "Bom dia" para o seu parceiro, até fazer amor. Você se relaciona com os outros de forma automática ou atenta?

- ESTEJA INTEIRAMENTE PRESENTE PARA A OUTRA PESSOA. Fale e escute com atenção plena. Não espere ter um problema para demonstrar interesse por aquilo que a pessoa tem a dizer.

- DIALOGUE COM SEU PARCEIRO OU SUA PARCEIRA COM ATENÇÃO PLENA E EVITE CUMPRIMENTAR A PESSOA DE FORMA MECÂNICA. (Quantas vezes você falou "Bom dia" ou "Boa noite" de forma automática?)

- RECONHEÇA A PRESENÇA DA PESSOA E FAÇA UMA PAUSA ANTES DE COMEÇAR A FALAR. Essa é a pausa consciente ou sagrada. Ao reencontrar o seu parceiro ou a sua parceira, alguma vez você já despejou um monte de informações ou apresentou uma lista de problemas assim que chegou? Qual impacto isso teve na pessoa? Calma. Para aumentar as chances de ela prestar atenção no que você tem a dizer, aborde um assunto por vez.

- ESCUTE O QUE A PESSOA TEM A FALAR COM ATENÇÃO PLENA. (Só para lembrar.) Alguma vez você já falou com alguém e teve a impressão de que a pessoa não estava prestando atenção? Como você se sentiu? Mantenha contato visual com o outro e preste atenção ao que ele diz e a como diz. Se você se distrair, fale isso para ele; se algo não ficou claro para você, peça explicações.

- SEJA AUTÊNTICO. A atenção plena permite que você identifique o que funciona para você. Abandone as ideias preconcebidas sobre como um casal "deveria ser". O que funciona para outros casais pode não funcionar para você e seu parceiro. Cultive amor, respeito, dialogue com a pessoa e liberte-se de convenções sociais.

COMPROMISSO DE MUDAR

Os relacionamentos podem modificar-se com o passar do tempo, e talvez não estejamos atentos ao que nos fez amar a pessoa em primeiro lugar. Estamos em processo de mudança permanente e temos poder de escolha sobre os comportamentos que desejamos cultivar.

Quando você identificar um hábito arraigado que faz mal, seja para você ou para o relacionamento, em vez de se desculpar repetidamente com a pessoa, assuma o compromisso de mudar. Para isso, é preciso que a escute sem julgamento, não fique na defensiva e firme o compromisso de mudança.

Vou compartilhar uma história pessoal para lhe mostrar como é possível colocar em prática esse conceito. Na véspera de uma palestra sobre *mindfulness* que eu iria ministrar, perguntei para a minha esposa: "O que te fez gostar de mim em primeiro lugar?". Ela respondeu: "O seu senso de humor".

Já estávamos casados havia mais de dez anos, e, quando ouvi a resposta, reconheci que várias emoções e vários sentimentos estavam presentes na minha vida naquele momento, exceto o meu senso de humor. Em vez de ficar criando justificativas para o meu comportamento, investi energia em cultivar novamente o meu senso de humor.

É impressionante como uma simples pergunta pode conduzir a uma grande transformação. Esse é o perigo do "piloto automático": se não prestarmos atenção no que desejamos cultivar, não regaremos as melhores sementes em nós mesmos e nos outros. A rotina e os anos de convívio não podem ser desculpas para não cultivarmos o que valorizamos.

PRÁTICA DE SE RELACIONAR COM ATENÇÃO PLENA

Realize as etapas conforme indicado a seguir.

- **1.** Reserve um tempo a sós com seu parceiro.
- **2.** Sente-se e busque um lugar tranquilo, para evitar distrações.
- **3.** Pergunte: **O QUE TE FEZ GOSTAR DE MIM EM PRIMEIRO LUGAR?**. Se você preferir, mude a pergunta: **QUAIS QUALIDADES VOCÊ VÊ EM MIM?**
- **4.** Se você for responder à pergunta, permita-se um tempo para refletir antes de dar a resposta. Não tenha pressa; pense nas qualidades que você aprecia no seu parceiro e, então, responda sinceramente. Seja espontâneo.
- **5.** Ao ouvir a resposta, resista ao impulso de falar algo ou de se justificar. É só uma informação. Se quiser, fale somente "Obrigado" e mais nada. Escute, simplesmente.
- **6.** Oriente o seu foco de atenção para as sensações do seu corpo.
- **7.** Qualquer que seja a sensação que você tenha observado, considere isso uma informação. Decida o que você vai fazer com ela. Você pode cultivar ainda mais essa característica no seu dia a dia?
- **8.** Troquem os papéis, e agora o seu parceiro faz a pergunta para você.
- **9.** Reserve alguns minutos para aproveitar esse momento de reciprocidade.

REFLEXÃO

Você identificou alguma característica que você tinha no passado e que se perdeu ao longo do tempo?

Agora faz sentido cultivar essa característica para melhorar seu relacionamento?

Existe alguma qualidade que você pode cultivar ainda mais nos seus relacionamentos?

DIA 28
Contar a verdade com gentileza

ANTES DE FALAR,
DEIXE SUAS PALAVRAS PASSAREM POR TRÊS PORTÕES:
1. É VERDADE?
2. É NECESSÁRIO?
3. É GENTIL?
PROVÉRBIO SUFI

Nem sempre é fácil falar o que pensamos, principalmente quando se trata de sentimentos. Nós podemos ocultar a verdade de alguém por uma série de motivos: simplesmente porque prometemos guardar segredo sobre um assunto, ou porque não queremos causar sofrimento e desconforto a nós mesmos ou à pessoa.

Um dos desafios para contarmos a verdade consiste no medo do impacto da nossa comunicação. A preocupação com que "pensem bem" de nós e a insegurança em relação a como a pessoa vai reagir podem nos impedir de falarmos a verdade de maneira clara.

Talvez você já tenha se perguntado: "É possível contar a verdade com gentileza?". A resposta é sim. A atenção plena contribui para você observar não só o que está sendo dito, mas também a forma como você se comunica. Refletir antes de falar e comunicar-se de maneira consciente aumentam as chances de você preservar e melhorar seus relacionamentos. Quando nos comunicamos de maneira impulsiva, muitas vezes nos arrependemos depois de falar, sobretudo quando estamos muito nervosos.

Quando temos de comunicar uma verdade dolorosa ou difícil, às vezes evitamos contá-la simplesmente para evitar um desconforto, e nem sempre essa é uma decisão consciente. Ken Verni, no livro *Atenção plena*, observa:

> O PROBLEMA DE OCULTAR UMA VERDADE DIFÍCIL TEM DOIS ASPECTOS. PRIMEIRO, ISSO TRAZ UMA ENERGIA NEGATIVA PARA O SEU RELACIONAMENTO COM VOCÊ MESMO E COM A PESSOA DE QUEM ESCONDE ALGO: SE VOCÊ TEM PLENA PRESENÇA, SERÁ BEM CONSCIENTE DESSAS TENSÕES INTERNAS. SEGUNDO, EXPOR A VERDADE PODE TRAZER CONSEQUÊNCIAS IMPREVISÍVEIS.
> (VERNI, 2017, P. 208)

Você não pode controlar a reação do outro, mas pode exercer influência sobre o seu comportamento.

O fato de prestar atenção à forma como se comunica, às palavras que usa, aumenta as chances de contar a verdade com gentileza e respeito, e só isso já é sensacional.

PRÁTICA DE CONTAR A VERDADE COM GENTILEZA

Na próxima vez em que você precisar contar uma verdade – sobretudo se for difícil –, faça isso com gentileza, de maneira consciente. Para isso, lembre-se dos tópicos apresentados a seguir.

- Esteja inteiramente presente para o outro, elimine todas as distrações e mantenha contato visual.

- Enquanto você fala, observe as reações da pessoa. Talvez você precise adaptar o seu comportamento em função das reações e das necessidades dela. Imagine que você esteja falando com a pessoa em pé e ela precise se sentar. Você tem condições para encontrar uma cadeira ou ajudá-la a sentar-se no chão, se for o caso?

- Liberte-se do "piloto automático": ao contar más notícias, esqueça qualquer roteiro ensaiado. Sua presença, sua humanidade trazem conforto; um "*script* decorado" tende a aumentar a distância da outra pessoa. Ela precisa sentir que você está presente e com a atenção dedicada a ela.

≡ Antes de falar, reflita e faça as seguintes perguntas:[1]

- **O QUE EU VOU FALAR É VERDADE?** Tenha clareza sobre se o que você vai dizer é um fato ou uma opinião.

- **O QUE EU VOU FALAR VAI AJUDAR?** Avalie se o que vai ser dito vai ajudar você, ou a outra pessoa, ou a situação de alguma maneira. Se não for ajudar, não vale a pena falar.

- **QUAL É A MINHA INTENÇÃO EM CONTAR ALGO? EU ESTOU FALANDO COM RAIVA OU COM RESPEITO?**

- **É REALMENTE NECESSÁRIO FALAR?**

- **É O MOMENTO ADEQUADO PARA FALAR?**

- **O QUE É ADEQUADO FALAR?** Você não precisa falar tudo. Escolha o que contar de acordo com a compreensão da outra pessoa. Sabe aquela conversa sobre sexo e drogas? Você contaria tudo para o seu filho de 6 anos?

- **O QUE EU VOU FALAR PODE DAR MARGEM A DUPLA INTERPRETAÇÃO?**

- **EU VOU FALAR COM GENTILEZA?** A gentileza é transmitida para outra pessoa não só por suas palavras, mas também por seus gestos e expressões faciais.

---

[1] Essas perguntas são adaptadas do acrônimo THINK, em inglês, criado para ajudar as pessoas a serem mais gentis nas mídias sociais. Segundo esse acrônimo, ao postar um conteúdo, você deve pensar se a postagem é *Truthful* ("confiável"), *Helpful* ("útil"), *Inspiring* ("inspiradora"), *Necessary* ("necessário") e *Kind* ("gentil").

REFLEXÃO

Ao falar a verdade com gentileza, você identificou alguma mudança na qualidade dos seus relacionamentos?

Você precisa prestar mais atenção a algum hábito de comunicação específico?

Você tem o hábito de dedicar completamente a sua atenção a outra pessoa, inclusive às reações dela, quando tem uma conversa difícil?

DIA 29
Enfrentar desafios com atenção plena

VOCÊ NÃO PODE PARAR AS ONDAS,
MAS PODE APRENDER A SURFAR.
JON KABAT-ZINN

Quando enfrentamos desafios que nos levam "ao limite" – por exemplo, pensamentos preocupantes, uma doença, relacionamentos desgastantes –, nós utilizamos padrões habituais de resposta que nem sempre são eficientes. Em vez de evitar os desafios, a abordagem de *mindfulness* propõe investigá-los atentamente, sem fazermos juízo de valor.

A atenção plena contribui para vermos claramente todas as circunstâncias dos desafios e construir os nossos próprios repertórios de respostas. Somente quando identificamos os nossos padrões de resposta habituais somos capazes de mudá-los.

Nós criamos diversas estratégias para lidar com as dificuldades. Para alguns autores, são os "mecanismos de defesa" que usamos para enfrentar as adversidades.

A atenção plena oferece uma nova perspectiva para encararmos essas situações da vida. Se identificarmos como lidamos com os desafios, sem fazer autocríticas, teremos a possibilidade de mudar o hábito. É possível que identifiquemos não apenas uma, mas várias formas com que costumamos agir.

Para enxergar os seus comportamentos com mais clareza, deixe o julgamento de lado e cultive mais empatia e gentileza com você e com os outros.

- ≡ Você é um ser humano que enfrenta desafios, e faz parte da natureza humana usar estratégias para lidar com eles.
- ≡ Como qualquer ser humano, você quer ser feliz e ficar em paz.
- ≡ As estratégias que você utiliza são empregadas com a melhor intenção possível.
- ≡ Quanto mais você repete um padrão, mais ele se fortalece.
- ≡ Quando criamos um hábito, passamos a agir no "piloto automático" e nem sempre percebemos as consequências negativas desse hábito para nossa vida e a das outras pessoas.
- ≡ Quando você identifica um padrão de comportamento e identifica com clareza os seus aspectos, você tem a oportunidade de mudá-lo.

ESTRATÉGIAS MUITO UTILIZADAS

A lista a seguir, adaptada do livro *As vantagens da adversidade*, não pretende esgotar as estratégias que usamos para enfrentar as dificuldades; é só um ponto de partida para ajudar a identificar alguns hábitos.

RECLAMAR

Como eu mencionei anteriormente (na prática de tomar consciência das reclamações), é preciso observar se a reclamação é uma expressão legítima dos seus sentimentos ou se ela conduz para a inação ou a perda de energia. Você reclama a respeito de algo que pode mudar ou de algo que está fora do seu controle? Enquanto reclama, você não faz nada para resolver a situação.

CULPAR OS OUTROS

Quando algo ruim acontece, automaticamente culpamos os outros, sem nem mesmo avaliar se temos responsabilidade sobre o que aconteceu. Você certamente já ouviu frases como "Não foi culpa minha...", "Eu não tenho nada a ver com isso...", "Foi culpa de X...", "Eu não sou pago para isso...", "Não é meu trabalho fazer X...".

Além disso, quando culpamos alguém, isentamos a nossa responsabilidade de fazer algo a respeito da situação e criamos uma válvula de escape para sentimentos de raiva e frustração.

ANESTESIAR

Às vezes, "anestesiamos" a dor que sentimos com o uso de recursos que nos distraem momentaneamente das dificuldades. Por exemplo, comida, televisão, videogame, celular, redes sociais, álcool, medicamentos, trabalho. A lógica desse mecanismo é a seguinte: se você não sente a dor, você não precisa lidar com ela. Outro exemplo clássico são os profissionais que trabalham além do horário para evitar lidar com a vida doméstica, que pode estar insuportável.

EVITAR

Você já ouviu a expressão "Se correr o bicho pega, se ficar o bicho come"? Você tenta evitar algo e os sentimentos que isso provoca, mas, apesar dos seus esforços, o problema não desaparece. Adiar ou procrastinar uma decisão são formas de evitar o problema. Entretanto, de maneira geral essa postura traz mais sofrimentos futuros. É como aquela goteira que está pingando no seu quarto há meses e você diz para si mesmo "Um dia eu conserto", e esse dia nunca chega. O tempo passa, até você se dar conta de que terá de consertar não só o seu telhado, mas também o piso.

NEGAR

Você nega a existência de uma dificuldade e, assim, não precisa lidar com ela. É mais fácil negar que você enfrenta problemas no seu relacionamento íntimo e fingir que essa fase vai passar (e, portanto, não precisa fazer nada) do que enfrentar a situação com um diálogo sincero e honesto.

LUTAR

Você encara a dificuldade lutando contra ela, e as coisas pioram ainda mais. Você está à beira de um esgotamento físico e, apesar disso, trabalha além dos seus limites porque acredita que só um pouco de trabalho não fará mal e as coisas ficarão bem. Você sente muita dor no cotovelo ao jogar tênis e acredita que só mais um jogo não irá gerar problema algum. Você joga e se machuca ainda mais.

FINGIR

Refere-se àquelas situações em que sabemos que uma coisa é perfeitamente real e agimos como se não existisse. Você sabe que não tem capacidade de entregar um projeto no prazo e, mesmo assim, assume o compromisso com o seu cliente e com outras áreas da empresa. Você tenta ganhar tempo de todas as formas e não pensa no impacto disso no médio prazo. Como vai ficar sua credibilidade se você não entregar?

DISSIMULAR

Essa estratégia consiste em "retocar" ou "embelezar" uma coisa para fazer com que ela pareça melhor do que realmente é. Talvez esse seja um dos maiores desafios que enfrentamos. Alguma vez você já comprou um produto, ficou muito decepcionado e teve o sentimento de ser enganado?

Alguma vez você já leu um currículo e teve dúvidas sobre o que de fato era real? Já perguntou para o seu melhor amigo se estava tudo bem, e ele disse que estava ótimo apesar de você saber que ele estava passando por um doloroso tratamento de saúde?

Muitas pessoas usam as redes sociais para vender uma "versão melhorada" da vida real. Uma foto pode ser retocada, e não há nada de errado nisso. Entretanto, quando os recursos utilizados tornam a realidade irreconhecível, talvez estejamos ficando cada vez mais distantes do mundo real.

Não é errado termos estratégias para enfrentar dificuldades, mas evitá-las e ignorar as emoções negativas não somente não resolve nada como tende a piorar a situação. Encarar os problemas é a melhor forma de resolvê-los.

COEXISTIR COM A DOR

A proposta de *mindfulness* é a de coexistir com o que está presente, sem julgamentos. Caso você esteja com dor de cabeça, reconheça que está com dor de cabeça. Negar o fato não vai fazer com que ela desapareça.

Preste atenção à forma como você reage a esse estímulo. Isso pode se tornar um hábito. Suponha que você decida tomar uma bebida alcoólica para relaxar e "aliviar a dor". Essa dor se repete algumas vezes, e, em vez de reconhecer a presença da dor e decidir o que vai fazer, você continua a beber. Daqui a pouco, só o fato de sentir uma leve dor de cabeça já dá vontade de beber. Isso se torna um hábito, e você deixa de tomar decisões conscientes. E, então, você passa a ser dominado pelo hábito.

Quando temos consciência dos hábitos que criamos para evitar a dor, aumentamos as chances de mudá-los. Enquanto isso, eles continuarão nos dominando.

E, ao desenvolvermos a habilidade de observar uma experiência sem julgamentos, aumentamos as chances de sermos criativos na maneira como responderemos a ela. A autora Sarah Silverton, em seu livro *A revolução mindfulness*, utiliza a metáfora do surfista, que, com equilíbrio e sensibilidade à energia e aos desdobramentos das ondas, além de postura na prancha, estabelece uma relação dinâmica entre eles. Para Silverton, a prática da atenção plena nos possibilita aprender a "surfar nas ondas da vida".

PRÁTICA DE ENFRENTAR DESAFIOS COM ATENÇÃO PLENA

Realize as etapas conforme indicado a seguir.

- **1.** Pense em uma situação difícil que você enfrenta.
- **2.** Observe com curiosidade o que está acontecendo, sem julgamentos. (Evite fugir, procurar distrações ou lutar contra a realidade.)
- **3.** Observe se você identifica alguma forma habitual de lidar com a situação. Por exemplo, buscar distrações para evitar a dificuldade, como navegar na internet em vez de se preparar para uma apresentação no dia seguinte.
- **4.** Observe sem julgar e não crie histórias na sua cabeça. (Evite perguntar-se por que você faz isso.)
- **5.** Reconheça a presença do hábito sem criar justificativas. O monge budista Thich Nhat Hanh propõe que, ao identificarmos a energia do hábito, devemos repetir para nós mesmos:

OLÁ, ENERGIA DO HÁBITO, EU SEI QUE VOCÊ ESTÁ AÍ!

Segundo o monge, se nós fôssemos capazes de simplesmente sorrir para o hábito, ele perderia muito de sua força. No exemplo citado no passo 3, você iria falar (mesmo que mentalmente) algo do tipo:

OLÁ, ENERGIA DO HÁBITO, EU SEI QUE VOCÊ ESTÁ AÍ! ESTÁ AÍ, TRAZENDO A VONTADE DE NAVEGAR NA INTERNET, QUANDO EU TENHO QUE PREPARAR UMA APRESENTAÇÃO.

- **6.** Só então decida como vai agir.

REFLEXÃO

O FATO DE VOCÊ SE CONSCIENTIZAR DOS HÁBITOS QUE UTILIZA PARA ENFRENTAR DESAFIOS AJUDOU A TER MAIS OPÇÃO DE ESCOLHA PARA DECIDIR COMO AGIR DAÍ PARA A FRENTE?

DIA 30

Respiração 7/11 com efeito calmante

SEMPRE TEREMOS PROBLEMAS PARA ENFRENTAR,
MAS, SE NOSSA MENTE ESTIVER CALMA,
ISSO VAI FAZER TODA A DIFERENÇA.

DALAI LAMA

A respiração pode ter um efeito calmante quando enfrentamos desafios ou momentos de estresse. Quando você estiver se sentindo um pouco agitado ou estressado, fazer a expiração durar mais do que a inspiração estimula o mecanismo natural de relaxamento do corpo.

PRÁTICA DA RESPIRAÇÃO 7/11 COM EFEITO CALMANTE

Pratique esse tipo de respiração mesmo quando estiver calmo, para acessá-la com mais facilidade.

Realize as etapas conforme indicado a seguir.

- 1. Sentado, coloque as duas mãos sobre seu estômago.
- 2. Imagine que você tenha um balão dentro do seu estômago.
- 3. Ao inspirar pelo nariz, imagine o balão se enchendo e sinta o seu estômago se expandir.
- 4. Ao expirar pela boca, imagine o balão se esvaziando e sinta o movimento do seu estômago.
- 5. Inspire pelo nariz e conte até 7 em silêncio.
- 6. Solte o ar pela boca, como se estivesse com um canudo, pelo tempo que durar sua contagem mental até 11.
- 7. Se você ficar tonto ou achar a contagem mental muito longa até 11 ou 7, reduza a contagem à proporção de 3 (inspiração) para 5 (expiração).
- 8. Pratique até perceber que o tempo de expiração está mais longo que o da inspiração.
- 9. O fato de você contar mentalmente deixará sua mente ocupada e evitará que você fique repetindo pensamentos negativos.

≡ **10.** Se você estiver em um local onde não se sinta à vontade para colocar as mãos no estômago, coloque-as sobre os joelhos e faça algumas respirações profundas. Você poderá inspirar e expirar pelo nariz, e ninguém vai perceber que você está praticando.

Mantenha esse ritmo de respiração e contagem por uns 5 ou 10 minutos ou faça só duas ou três inspirações se tiver pouco tempo.

Essa prática é particularmente útil quando você está se sentindo estressado ou com dificuldade para dormir ou se concentrar. Mesmo antes de uma prova ou de uma reunião você pode praticar a respiração com efeito calmante.

VARIAÇÕES DA PRÁTICA

≡ No caso de a prática ser feita com crianças, sente-se junto delas e peça para que coloquem as mãos sobre os joelhos (ou sobre o estômago). Conte em quanto tempo elas inspiram e em quanto tempo soltam o ar. Em seguida, peça para elas contarem mentalmente até 2 ao inspirar e, depois, até 4 ao soltar o ar. Caso necessário, você realiza a contagem enquanto elas fazem o exercício. Transforme esse exercício em uma brincadeira. Volte a respirar naturalmente. Observe se o tempo durante o qual elas soltam o ar é maior do que o tempo de inspiração. Você pode pedir a elas que inspirem e soltem o ar pelo nariz.

≡ Você pode praticar essa respiração antes de dormir para obter um efeito relaxante. Deitado, encontre uma postura confortável. Novamente, o importante é perceber que o tempo de expiração está mais longo que o da inspiração. Se preferir, inspire e expire pelo nariz.

REFLEXÃO

A SUA AGITAÇÃO OU ANSIEDADE DIMINUÍRAM QUANDO VOCÊ PRATICOU A RESPIRAÇÃO COM EFEITO CALMANTE?

VOCÊ OBSERVOU QUE A FORMA COMO RESPIRA TEM IMPACTO SOBRE OS EFEITOS DO ESTRESSE NO SEU CORPO?

DIA 31

Acalmar emoções intensas

VOCÊ NÃO PRECISA CONTROLAR SEUS PENSAMENTOS.
VOCÊ SÓ TEM QUE PARAR DE DEIXÁ-LOS CONTROLAR VOCÊ.
DAN MILLMAN

Nós tendemos a dar muita importância para os nossos pensamentos, e isso pode aumentar a intensidade de uma emoção. Quanto mais pensamos ou falamos naquilo que nos chateou ou que nos fez sentir raiva, mais forte a emoção se torna.

Não me interprete mal; talvez você esteja se lembrando de ocasiões em que você desabafou com alguém um desconforto que estava sentindo e isso lhe fez bem. Desabafar significa reconhecer que algo está nos incomodando, e falamos com franqueza. Quando desabafamos, nós nos permitimos ser verdadeiros para expressar nossos sentimentos, pensamentos e opiniões sobre algo ruim que aconteceu. Pode ser saudável desabafar por um curto período de tempo.

Desabafar é uma coisa; contar a mesma história indefinidamente para os outros ou repeti-la em nossa mente é outra completamente diferente. Se alguém pergunta como estamos, repetimos a experiência negativa que nos aconteceu. Não importa quantas outras coisas positivas aconteceram, nos concentramos nas negativas.

À medida que falamos repetidamente sobre o evento negativo, produzimos hormônios do estresse, nosso humor piora, as emoções negativas se intensificam e nossa energia se esgota. Isso sem falar que esse comportamento pode ser deprimente para os outros. Vale lembrar que, quanto mais repetimos um comportamento, pensamento ou emoção, mais ele se fortalece.

A atenção plena nos ajuda a identificar se estamos atentos ao momento presente ou se estamos ruminando sobre o passado ou preocupados com o futuro. As práticas de *mindfulness* contribuem para você escolher conscientemente aquilo que deseja focar e quais atitudes você quer trazer para as suas conversas e seus relacionamentos.

Em alguns momentos, podemos ter o sentimento de estarmos sobrecarregados pelas nossas emoções. Lembre-se: você é muito mais do que apenas uma emoção.

O monge budista Thich Nhat Hanh usa uma bela imagem para descrever como podemos acalmar uma emoção intensa e encarar a tempestade. Ele nos pede para imaginarmos uma árvore em uma tempestade: enquanto o vento sopra com mais força na copa da árvore, balançando as folhas e os galhos, o seu tronco permanece seguro porque está muito enraizado. Ele afirma que nós também somos uma árvore, e a emoção intensa é a tempestade que se aproxima. Os seus pensamentos são o topo, e o seu abdômen é o tronco, no qual você estará em segurança.

A ideia para nos acalmarmos quando sentirmos uma emoção forte surgindo, então, é sair do nível do pensamento e concentrarmos toda a nossa atenção na respiração abdominal.

PRÁTICA PARA ACALMAR EMOÇÕES INTENSAS[1]

Realize as etapas conforme indicado a seguir.

- **1.** Sentado ou deitado, coloque as mãos no seu abdômen, um pouco abaixo do umbigo, e apenas preste atenção à sua respiração e ao movimento em seu corpo.

- **2.** Para sair do nível dos seus pensamentos, concentre-se inteiramente no movimento do subir e descer da sua barriga.

- **3.** Se você se distrair ou voltar a pensar naquilo que lhe trouxe chateação, reoriente sua atenção novamente para o movimento do seu abdômen.

- **4.** Se desejar, repita mentalmente:

  INSPIRANDO, MEU ABDÔMEN ESTÁ SUBINDO.

  EXPIRANDO, MEU ABDÔMEN ESTÁ DESCENDO.

- **5.** Pratique durante 15 minutos, para acalmar as emoções.

Mas não espere surgir uma emoção forte para iniciar essa prática. Pratique 15 minutos por dia durante três semanas, a fim de que você possa utilizá-la com naturalidade quando uma emoção forte chegar. Permita-se sair do nível dos seus pensamentos e orientar a sua atenção para respiração abdominal. Ela pode ser muito profunda, lenta e poderosa. Use-a a seu favor.

---

1   Essa prática provém do livro *A arte do poder*, de Thich Nhat Hanh.

REFLEXÃO

Você observou que, após 15 ou 20 minutos praticando a respiração abdominal profunda, a sua emoção ficou mais suave?

Lidar com as emoções no nível das sensações físicas foi, para você, uma nova forma de encará-las?

DIA 32
Perdão

SE VOCÊ É PICADO POR UMA SERPENTE,
NÃO CORRA ATRÁS DELA PARA CASTIGÁ-LA.
A PRIMEIRA COISA A FAZER É SE LIVRAR DO VENENO.
BUDA

Ao contrário do que possa parecer, o perdão não é algo que fazemos para alguém que nos fez sofrer de alguma maneira. É algo que fazemos a nós mesmos, para o nosso bem-estar. Para poder perdoar alguém, é preciso identificar o significado do perdão. Para esclarecer o conceito, o escritor Leon Collier define o que *não é* perdoar.

- Perdoar não significa que está tudo bem e que você está de acordo com o que a outra pessoa fez.

- Perdoar não significa que você já esqueceu o que aconteceu.

- Perdoar não é um favor que você faz para a outra pessoa.

- Perdoar não significa que o comportamento da outra pessoa não gerou consequências negativas.

- Perdoar não significa que você é obrigado a continuar a interagir com essa pessoa.

- Perdoar não significa que você deva falar para outra pessoa que você a perdoou.

Perdoar significa fazer uma escolha consciente para se libertar da dor de se apegar ao ressentimento. Apegar-se à raiva ou ao ressentimento pode gerar estresse crônico. Quem sofre é você, e não a pessoa que lhe causou o mal. O perdão é libertador porque ele pode ajudá-lo a se livrar desse ressentimento. Se sabemos que perdoar contribui para o nosso bem-estar, o que nos impede de fazê-lo?

- Acreditamos que as pessoas que nos fizeram sofrer devem pagar por isso e queremos nos vingar.

- Assumimos o papel de vítimas: tememos ser condescendentes com as ações dos outros. E, nesse caso, as pessoas "vão se safar" e não vão pagar pelo que fizeram.

- Ainda estamos sofrendo, e a pessoa que nos fez mal não demonstrou nenhum arrependimento.

- Temos medo de ficarmos vulneráveis e voltarmos a sofrer.

Reconhecer alguns aspectos da condição humana pode aliviar o nosso ressentimento, como explicado abaixo.

- Você não está só; outras pessoas também enfrentam a mesma dor. Quando alguém o faz sofrer, é comum sentir que você é o único que está passando por isso. Milhares de pessoas enfrentam os mesmos desafios que você.

- Você poderia estar no lugar da outra pessoa. Da mesma forma que a outra pessoa nos machucou, *nós* também podemos machucar os outros (mesmo sem perceber).

Quando estamos repletos de negatividade, com raiva ou estressados, podemos falar e fazer coisas capazes de causar sofrimento para o outro. Você saberá que realmente perdoou quando, ao ver ou ouvir a pessoa que lhe causou mal, ou estiver na presença dela, você não perceber qualquer sentimento negativo despertar. Ao perdoar, você não será mais consumido pelo ressentimento e se tornará indiferente à presença dela.

Como afirmou Dalai Lama, o perdão não significa esquecer o que aconteceu; se algo é sério e é necessário tomar contramedidas, você tem que tomar contramedidas.

ESTABELEÇA LIMITES SAUDÁVEIS
PARA OS SEUS RELACIONAMENTOS

Abandone o papel de vítima. Se você se sentiu injustiçado por alguém, pode perdoá-lo e, ao mesmo tempo, criar limites saudáveis para esse relacionamento. Lembre-se de que uma coisa não exclui a outra. O seu ressentimento tem um propósito de existir: ele também é um mecanismo de autoproteção para você não voltar a sofrer.

Imagine que você compartilhou uma ideia com um colega no seu trabalho, ele se apropriou dela e a apresentou a outras pessoas como fosse dele. Nesse caso, você se sente injustiçado e guarda um ressentimento por isso. Você pode perdoá-lo e vai decidir como vai agir com ele daí em diante.

Talvez você decida não dividir mais ideias com ele, ou estabeleça novos acordos, ou opte por falar abertamente com ele sobre o que acontece, ou avalie que não vale a pena tocar no assunto. O que conta são os limites que vai estabelecer a partir desse momento. Isso não significa que você vai se tornar o "melhor amigo" dele. Não permitir que ele continue a causar sofrimento significa que você está criando limites saudáveis para o seu relacionamento e que agiu a favor do seu bem-estar, físico e emocional.

O impacto de guardar ressentimento é ficarmos aprisionados a algo que nos aconteceu e dispormos de menor energia para investir no momento presente. Por esse motivo é tão importante, para o nosso bem-estar, desenvolvermos a habilidade de "deixar ir" esse ressentimento e seguirmos em frente com mais tranquilidade.

PRÁTICA DO PERDÃO[1]

Para praticar o perdão com atenção plena, lembre-se de que você faz isso para o seu bem-estar e não para isentar a responsabilidade da pessoa que lhe causou algum mal. Liberte-se da pressão de perdoar rápida e totalmente uma pessoa. Algum perdão é quase sempre útil, e ter a habilidade de diminuir o ressentimento tende a melhorar sua qualidade de vida física e emocional.

O perdão é um processo e não pode ser forçado. Em um primeiro momento, escolha uma situação na qual você tenha um pequeno ressentimento, para praticar.

E, então, realize as etapas conforme indicado a seguir.

1. Sente-se de forma confortável, com as mãos apoiadas nos joelhos.
2. Respire naturalmente e preste atenção somente nos movimentos da respiração de forma suave.
3. Se a sua mente for invadida por pensamentos, volte a prestar atenção na respiração.
4. Pense em alguém que lhe tenha causado dor e por quem você sente ressentimento. (Não escolha a pessoa que mais o magoou.)
5. Lembre-se da emoção que você sentiu, em vez dos detalhes do que aconteceu. Não se envolva na história contada na sua mente.
6. Reconheça e dê um nome ao sentimento que estiver presente. Pode ser culpa, raiva, tristeza, confusão, vergonha... Evite fazer autocríticas. Você pode repetir:

Tudo bem eu me sentir assim.

≡ **7.** Concentre-se na sensação física provocada pela emoção. Observe fisicamente onde você sente essas emoções. Você sente seu corpo tenso em algum local?

≡ **8.** Pergunte-se:

- **QUEM ESTÁ REALMENTE SOFRENDO?** Não reviva mentalmente a situação. O seu foco é o que você sente agora. Reconheça que o que o faz sofrer é a sua mágoa. Talvez essa pessoa o tenha feito sofrer no passado e você guarde esse ressentimento no presente.

- **JÁ CARREGUEI ESSE FARDO POR TEMPO SUFICIENTE?** Procure perceber se você observa alguma tensão no seu corpo e relaxe.

- **DO QUE EU PRECISO AGORA?** Você aprendeu algo sobre as suas necessidades ou sobre seus limites? Talvez você precise se sentir compreendido ou deseje estabelecer um limite saudável com essa pessoa.

- **ESTOU COM DISPOSIÇÃO PARA PERDOAR?** Não existe resposta certa ou errada. O perdão não é algo que pode ser forçado. Se a resposta for não, tudo bem. Respeite sua decisão. Ter abertura para a possibilidade de perdoar essa pessoa no futuro já é um grande começo. Você pode retornar a essa prática quando desejar.

≡ **9.** Se você estiver pronto para perdoar agora e deixar o ressentimento partir, repita silenciosamente por alguns instantes:

INSPIRANDO, EU PERDOO. EXPIRANDO, EU ME LIBERTO.

≡ **10.** Abra os olhos, caso esteja com eles fechados, e observe como você se sente.

Leve os benefícios dessa prática para outras áreas da sua vida.

---

[1] Essa prática é adaptada do texto "Let It Go: 11 Ways to Forgive", de Stefanie Goldstein e Elisha Goldstein.

REFLEXÃO

A PRÁTICA DO PERDÃO CONTRIBUIU PELO MENOS UM POUCO PARA ALIVIAR O RESSENTIMENTO?

O QUE VOCÊ DESCOBRIU SOBRE AS SUAS NECESSIDADES E SOBRE ESTABELECER LIMITES NO MOMENTO PRESENTE?

DIA 33
Atenção plena para despertar sua melhor versão

NO MEIO DO ÓDIO, DESCOBRI QUE HAVIA, DENTRO DE MIM, UM AMOR INVENCÍVEL.
NO MEIO DAS LÁGRIMAS, DESCOBRI QUE HAVIA, DENTRO DE MIM, UM SORRISO INVENCÍVEL.
NO MEIO DO CAOS, DESCOBRI QUE HAVIA, DENTRO DE MIM, UMA CALMA INVENCÍVEL.
NO MEIO DE UM INVERNO, FINALMENTE DESCOBRI QUE HAVIA, DENTRO DE MIM, UM VERÃO INVENCÍVEL.
E ISSO ME FAZ FELIZ.
PORQUE ISSO ME DIZ QUE NÃO IMPORTA A FORÇA COM QUE O MUNDO SE ATIRE CONTRA MIM, POIS, DENTRO DE MIM, HÁ ALGO MAIS FORTE — ALGO MELHOR, EMPURRANDO DE VOLTA.

ALBERT CAMUS

Nós estamos interconectados, e os nossos pensamentos, falas e ações carregam nossa assinatura. Em outras palavras, o que pensamos, dizemos e fazemos tem impacto sobre os outros. As nossas experiências de vida ficam registradas em nossos corpos e nossas mentes. Entretanto, temos a possibilidade de mudar e de criar padrões de pensamentos e comportamentos.

A neuroplasticidade se refere à capacidade do sistema nervoso de mudar e se adaptar quando sujeito a novas experiências. As redes neurais mudam constantemente em função dos nossos pensamentos e experiências, e temos a oportunidade de nos reinventarmos e despertarmos a nossa melhor versão. É nossa responsabilidade decidir o que desejamos cultivar. Nós vamos transmitir aos outros o que cultivamos em nós mesmos. Se cultivarmos a paz e a felicidade, será isso que transmitiremos para as outras pessoas. Da mesma forma, se cultivarmos o pessimismo é assim que iremos impactar os outros.

Ao longo do livro, ressaltei a importância de estarmos concentrados em viver o momento presente. Isso não significa que você não irá pensar no passado ou fazer planos para o futuro de forma consciente. A ideia é não ficar obcecado nem com o passado, nem com o futuro. Sentir remorso a respeito do passado ou ficar excessivamente ansioso com preocupações a respeito do futuro não é proveitoso.

O planejamento pertence ao presente. Faça planos para o futuro vivendo atentamente o momento presente. Isso é um planejamento consciente.

O passado também continua a existir no presente. Investigar o passado com profundidade é uma ferramenta valiosa para você construir uma nova realidade e pode, inclusive, curar feridas que ainda estão abertas.

Thich Nhat Hahn reflete, em *A arte do poder*:

> TANTO A FELICIDADE QUANTO O SOFRIMENTO SENTIDOS NO PASSADO AINDA ESTÃO VIVOS NO MOMENTO PRESENTE. NO PASSADO, VOCÊ PODE TER COMETIDO ERROS E TER SIDO POUCO HABILIDOSO E CAUSADO SOFRIMENTO A SI MESMO E PARA AS PESSOAS QUE VOCÊ AMA. AS PESSOAS DIZEM QUE É IMPOSSÍVEL VOLTAR AO PASSADO PARA CORRIGIR OS NOSSOS ERROS. NO ENTANTO, POR MEIO DA PLENA CONSCIÊNCIA É POSSÍVEL RETORNAR E REPARAR O DANO, PORQUE O PASSADO ESTÁ DISPONÍVEL NO MOMENTO PRESENTE. SUPONHA QUE VOCÊ TENHA DITO UMA COISA DESAGRADÁVEL PARA SUA AVÓ QUE A FEZ SOFRER E AGORA ESTÁ ARREPENDIDO PORQUE ELA MORREU E VOCÊ NÃO PODE SE DESCULPAR. SE FIZER UM EXAME PROFUNDO, PERCEBERÁ QUE A SUA AVÓ ESTÁ ETERNAMENTE VIVA EM VOCÊ, EM CADA CÉLULA DO SEU CORPO. AO INALAR, VOCÊ PODE DIZER "MINHA AVÓ, EU SEI QUE VOCÊ ESTÁ PRESENTE EM CADA CÉLULA DO MEU CORPO" E, AO SOLTAR O AR, "SINTO MUITO". VOCÊ DECIDE SER MAIS AMÁVEL COM AS PESSOAS QUE AMA E PRESTAR MAIS ATENÇÃO A ELAS. VOCÊ VERÁ A SUA AVÓ SORRIR PARA VOCÊ, E SUA FERIDA FICARÁ CURADA.
>
> (HANH, 2008, P. 193)

Não existe nada de místico nesse conceito. É muito fácil sermos arrastados pela tristeza, pela culpa ou pelo remorso que sentimos com relação ao passado e continuarmos a repetir um hábito. A prática de *mindfulness* representa uma oportunidade para identificarmos e abandonarmos um hábito e construirmos novos comportamentos.

PRÁTICA DA ATENÇÃO PLENA PARA DESPERTAR SUA MELHOR VERSÃO

Realize as etapas conforme indicado a seguir.

- **1.** Faça um mapeamento da sua melhor versão a respeito dos hábitos que você deseja manter e fortalecer:

    QUAIS COISAS EU FAÇO COM FREQUÊNCIA E ME FAZEM BEM?

    Para responder a essa pergunta, considere o relacionamento com uma pessoa em especial, com alguém da sua família, com um amigo ou com um colega de trabalho.

- **2.** Pergunte para a pessoa em quem você confia:

    O QUE VOCÊ MAIS VALORIZA/ADMIRA EM MIM?

    O QUE TE FEZ GOSTAR DE MIM EM PRIMEIRO LUGAR?

- **3.** Avalie se você cultiva essa característica no seu dia a dia. Por exemplo, o bom humor.

- **4.** Faça um mapeamento sobre aspectos que você pode mudar:

    QUAIS COISAS EU FAÇO OU FIZ COM FREQUÊNCIA E ME DEIXAM INFELIZ?

    Para responder a essa pergunta, considere novamente o relacionamento com uma pessoa em especial, com alguém da sua família, com um amigo ou com um colega de trabalho.

- **5.** Mesmo que essa pessoa não esteja mais presente na sua vida, o que você pode fazer para construir um novo futuro?

REFLEXÃO

EU GOSTO MUITO DA SEGUINTE
FRASE DE ALDOUS HUXLEY:

Experiência não é o que acontece com um homem; é o que um homem faz com o que lhe acontece.

AS SUAS EXPERIÊNCIAS ESTÃO
REGISTRADAS NO SEU CORPO,
E TALVEZ A PERGUNTA MAIS
IMPORTANTE PARA DESPERTAR A
SUA MELHOR VERSÃO É:

O que você deseja cultivar agora?

E, PARA LHE DEIXAR UMA
MENSAGEM DE ESPERANÇA,
RETOMO A FRASE DO GRANDE AUTOR
ALBERT CAMUS:

No meio do caos, descobri que havia, dentro de mim, uma calma invencível.

ESTOU TORCENDO PARA QUE VOCÊ
ENCONTRE E CULTIVE A CALMA QUE
ESTÁ SEMPRE PRESENTE EM VOCÊ.

REFERÊNCIAS

ALIDINA, Shamash. *Mindfulness para leigos*. Rio de Janeiro: Alta Books, 2019.

ALIDINA, Shamash; ADAMS, Juliet. *Mindfulness at work for dummies*. Chichester: John Wiley & Sons, 2014.

ALIDINA, Shamash; MARSHALL, Joelle Jane. *Mindfulness workbook for dummies*. Chichester: John Wiley & Sons, 2013.

BUCHSBAUM, Paulo Eduardo Laurenz (org.). *Frases geniais*. Rio de Janeiro: Ediouro, 2004.

CHARAN, Ram. *Know-how:* as 8 competências que separam os que fazem dos que não fazem. Rio de Janeiro: Elselvier, 2007.

Desapego: ejercicios para practicarlo. Ley de la Atracción Positiva, 12 jan. 2016. Disponível em: https://www.leyatraccionpositiva.com/ejercicios-desapego/. Acesso em: 7 maio 2021.

DESMOND, Tim. *Como ser pleno num mundo caótico:* práticas de mindfulness para a vida real. Rio de Janeiro: HarperCollins Brasil, 2020.

DUCHARME, Jamie. *The sunk cost fallacy is ruining your decisions. Here's how.* Time, 26 jul. 2018. Disponível em: https://time.com/5347133/sunk-cost-fallacy-decisions/. Acesso em: 16 jun. 2021.

FREDRICKSON, Barbara L. *et al.* Open hearts build lives: positive emotions, induced through loving-kindness meditation, build consequential personal resources. *Journal of Personality and Social Psychology,* n. 95, v. 5, p. 1.045-1.062, novembro de 2008. Disponível em: https://www.ncbi.nlm.nih.gov/pmc/articles/PMC3156028/. Acesso em: 7 jun. 2021.

GOLDSTEIN, Stefanie; GOLDSTEIN, Elisha. *Let it go: 11 ways to forgive.* Mindful Magazine, 20 mar. 2017. Disponível em: https://www.mindful.org/let-go-11-ways-forgive/. Acesso em: 7 jun. 2021.

HANH, Thich Nhat. *A arte do poder*. Rio de Janeiro: Rocco, 2008.

HANH, Thich Nhat. *Sem lama não há lótus:* a arte de transformar o sofrimento. Petrópolis: Vozes, 2016.

HANH, Thich Nhat. *Trabalho:* a arte de viver e trabalhar em plena consciência. Petrópolis: Vozes, 2017.

HEARN, Tarchin. *Caminhado em sabedoria:* uma jornada pela extraordinária riqueza do momento presente. Botucatu: AME, 2017.

MACKESY, Charlie. *O menino, a toupeira, a raposa e o cavalo*. Rio de Janeiro: Sextante, 2020.

KABAT-ZINN, Jon. *Viver a catástrofe total:* como utilizar a sabedoria do corpo e da mente para enfrentar o estresse, a dor e a doença. São Paulo: Palas Athena, 2017.

KHOURY, Karim. *Liderança é uma questão de atitude*. 4. ed. São Paulo: Editora Senac São Paulo, 2019.

KHOURY, Karim. *Vire a página:* aprenda a resolver conflitos. 8. ed. São Paulo: Editora Senac São Paulo, 2018.

KOTSOU, Ilios. *Caderno de exercícios de atenção plena*. Petrópolis: Vozes, 2015.

LANGER, Ellen *et al. Mindfulness*. Rio de Janeiro: Sextante, 2019. Coleção Inteligência Emocional.

LEANDRO, Marcos. *Mindfulness no trabalho:* por que virou uma febre na pandemia. Estadão, 21 fev. 2020. Disponível em: https://economia.estadao.com.br/noticias/sua-carreira,mindfulness-no-trabalho-por-que-virou-uma-febre-na--pandemia,70003621684. Acesso em: 7 jun. 2021.

McLEOD, Melvin (org.). *The pocket Thich Nhat Hanh*. Boulder: Shambhala, 2012.

McKEOWN, Greg. *Essencialismo:* a disciplinada busca por menos. São Paulo: Sextante, 2015.

MOORE, Gareth. *Aumente o desempenho do seu cérebro:* maneiras de exercitar e fortalecer a mente. São Paulo: Publifolha, 2010. Série Pensamento Eficaz.

NOLTE, Dorothy Law *et al. Children learn what they live*. New York: Workman Publishing Company, 1998.

O'MORAIN, Padraig. *Atenção plena*. São Paulo: Fundamento Educacional, 2015.

ROWAN, Tiddy. *The little book of mindfulness*. London: Quadrille, 2013.

SELVA, Joaquín. *76 most powerful mindfulness quotes:* your daily dose of inspiration. PositivePsychology. Disponível em: https://positivepsychology.com/mindfulness-quotes/. Acesso em: 7 jun. 2021.

SILVERTON, Sarah. *A revolução mindfulness:* um guia para praticar atenção plena e se libertar da ansiedade e do estresse. São Paulo: Alaúde, 2018.

SMEDT, Marc de. *Caderno de exercícios de meditação no cotidiano*. Petrópolis: Vozes, 2011.

STOLZ, Paul G.; Weihenmayer, Erik. *As vantagens da adversidade:* como transformar as batalhas diárias em crescimento pessoal. São Paulo: WMF Martins Fontes, 2008.

TEASDALE, John; WILLIAM, Mark; SEAGAL, Zindel. *Manual prático de mindfulness (meditação da atenção plena):* um programa de oito semanas para libertar você da depressão, da ansiedade e do estresse emocional. São Paulo: Pensamento, 2016.

THE HAPINESS BLOG. *10 steps:* how to forgive someone who keeps hurting. Disponível em: https://happyproject.in/forgive-someone/. Acesso em: 7 jun. 2021.

THUBTEN, Gelong. *Lições de um monge para viver no século 21*. São Paulo: Buzz, 2020. *E-book.*

TOVAR, Alejandro. *Fadiga por compaixão:* "Os problemas dos outros me oprimem". El País, 4 set. 2018. Disponível em: https://brasil.elpais.com/brasil/2018/09/01/estilo/1535785720_784368.html. Acesso em: 7 jun. 2021.

VERNI, Ken A. *Atenção plena:* orientações para praticar, sintonizar-se com o momento presente e viver com plenitude. São Paulo: Publifolha, 2017.

WAX, Ruby. *How to be human:* the manual. London: Penguin Life, 2018.

What Google learned from its quest to build the perfectteam. The New York Times Magazine, 28 fev. 2016. Disponível em: https://www.nytimes.com/2016/02/28/magazine/what-google-learned-from-its-quest-to-build-the-perfect-team.html. Acesso em: 7 jun. 2021.

SITES

Arquivo Pessoa. Disponível em: http://arquivopessoa.net/textos/2666. Acesso em: 7 jun. 2021.

Az Quotes. Disponível em: https://www.azquotes.com/. Acesso em: 7 jun. 2021.

BrainyQuote. Disponível em: https://www.brainyquote.com/. Acesso em: 7 jun. 2021.

Factaria. Disponível em: https://factaria.com/. Acesso em: 7 jun. 2021.

Goodreads. Disponível em: https://www.goodreads.com/. Acesso em: 7 jun. 2021.

Quotefancy. Disponível em: https://quotefancy.com/. Acesso em: 7 jun. 2021.

Pensador. Disponível em: https://www.pensador.com/. Acesso em: 7 jun. 2021.

Star Quotes. Disponível em: https://quotes.yourdictionary.com/theme/stars/. Acesso em: 7 jun. 2021.

Tiny Buddha. Disponível em: https://tinybuddha.com/. Acesso em: 7 jun. 2021.

ÍNDICE

Agitação, 39

Benefícios da mudança, 56

Características do "modo fazer", 24
Características do "modo ser", 26
Compromisso de mudar, 165

Desenvolvendo a cultura de segurança psicológica, 151
Dia 1 – Reconectar-se com o momento presente, 19
Dia 2 – Simplesmente ser para vivenciar o momento presente, 23
Dia 3 – Ter consciência do corpo, 31
Dia 4 – Reconhecer obstáculos e lidar com eles, 37
Dia 5 – Escutar com atenção plena, 43
Dia 6 – Alimentar-se com atenção plena, 47
Dia 7 – Fazer uma coisa por vez com atenção plena, 53
Dia 8 – Tomar decisões conscientes, 59
Dia 9 – Caminhar com atenção plena, 65
Dia 10 – Libertar-se da influência dos custos perdidos, 71
Dia 11 – Separar a dor do sofrimento, 77
Dia 12 – Ver os pensamentos como pensamentos, 83
Dia 13 – Tomar consciência das reclamações, 89
Dia 14 – Usar conscientemente a tecnologia, 93
Dia 15 – Acolher as emoções, 99
Dia 16 – Espaço de respiração de 3 minutos, 105
Dia 17 – Apreciar as coisas no momento presente, 111
Dia 18 – R.A.I.N. para lidar com emoções difíceis, 115
Dia 19 – Arrumação consciente, 119
Dia 20 – Gratidão, 125
Dia 21 – Expressar a gratidão para outras pessoas, 129
Dia 22 – Bondade em ação, 133
Dia 23 – Empatia, 137
Dia 24 – Bondade amorosa, 143
Dia 25 – Discurso amoroso para cultivar a segurança psicológica, 149
Dia 26 – Fazer e aceitar elogios sinceros, 157
Dia 27 – Relacionar-se com atenção plena, 163
Dia 28 – Contar a verdade com gentileza, 169

Dia 29 – Enfrentar desafios com atenção plena, 175
Dia 30 – Respiração 7/11 com efeito calmante, 183
Dia 31 – Acalmar emoções intensas, 187
Dia 32 – Perdão, 191
Dia 33 – Atenção plena para despertar sua melhor versão, 197
Dúvida, 39

Exemplo da pausa sagrada antes de agir, Um, 63

Força do exemplo, A, 81

Ideias para praticar
    Prática da bondade em ação, 136
    Prática da consciência do corpo, 36
    Prática da empatia, 140
    Prática da gratidão, 127
    Prática de expressar a gratidão para outras pessoas, 132
    Prática de fazer uma coisa por vez com atenção plena, 57
    Prática de se reconectar ao momento presente, 21
    Prática de simplesmente ser para vivenciar o momento presente, 30
    Prática de tomar consciência das reclamações, 92
Introdução – "É o que temos para hoje", 11
Irritação, 38

Liderança, 152

Modéstia e humildade, 161

Na vida pessoal, 153
Nota do editor, 7

O que você precisa saber ao ler este livro, 14

Percebendo os obstáculos, 38
Prática da arrumação consciente, 121
Prática da atenção plena para despertar sua melhor versão, 200
Prática da bondade amorosa, 145
Prática da bondade em ação, 135
Prática da consciência do corpo, 34
Prática da empatia, 139
Prática da gratidão, 126
Prática da respiração 7/11 com efeito calmante, 184
Prática de acolher as emoções, 103
Prática de apreciar as coisas no momento presente, 113
Prática de caminhar com atenção plena, 67
Prática de contar a verdade com gentileza, 171

Prática de enfrentar desafios com atenção plena, 180
Prática de escutar com atenção plena, 45
Prática de expressar a gratidão para outras pessoas, 131
Prática de fazer e aceitar elogios sinceros, 160
Prática de fazer uma coisa por vez com atenção plena, 55
Prática de reconhecer e lidar com obstáculos, 41
Prática de se alimentar com atenção plena, 48
Prática de se reconectar ao momento presente, 20
Prática de se relacionar com atenção plena, 166
Prática de separar a dor do sofrimento, 79
Prática de simplesmente ser para vivenciar o momento presente, 29
Prática de tomar consciência das reclamações, 91
Prática de tomar decisões conscientes, 62
Prática de ver os pensamentos como pensamentos, 86
Prática do discurso amoroso para cultivar a segurança psicológica, 154
Prática do espaço de respiração de 3 minutos, 107
Prática do perdão, 194
Prática do uso consciente da tecnologia, 97
Prática para acalmar emoções intensas, 189
Prática para se libertar da influência dos custos perdidos, 74
Prática R.A.I.N. para lidar com emoções difíceis, 116

Referências, 203
Reflexão
    Acalmar emoções intensas, 190
    Acolher as emoções, 104
    Alimentar-se com atenção plena, 51
    Apreciar as coisas no momento presente, 114
    Arrumação consciente, 124
    Atenção plena para despertar sua melhor versão, 201
    Bondade amorosa, 147
    Bondade em ação, 136
    Caminhar com atenção plena, 70
    Contar a verdade com gentileza, 173
    Discurso amoroso para cultivar a segurança psicológica, 155
    Empatia, 141
    Enfrentar desafios com atenção plena, 181
    Escutar com atenção plena, 46
    Espaço de respiração de 3 minutos, 109
    Expressar a gratidão para outras pessoas, 132
    Fazer e aceitar elogios sinceros, 161
    Fazer uma coisa por vez com atenção plena, 57
    Gratidão, 127
    Libertar-se da influência dos custos perdidos, 75
    Perdão, 196
    R.A.I.N. para lidar com emoções difíceis, 118

Reconectar-se com o momento presente, 21
Reconhecer obstáculos e lidar com eles, 42
Relacionar-se com atenção plena, 167
Respiração 7/11 com efeito calmante, 186
Separar a dor do sofrimento, 81
Simplesmente ser para vivenciar o momento presente, 30
Ter consciência do corpo, 36
Tomar consciência das reclamações, 92
Tomar decisões conscientes, 63
Usar conscientemente a tecnologia, 98
Ver os pensamentos como pensamentos, 87

Respirando, 68

Sentindo-se sustentado por inúmeros seres vivos, 69
Sentir vontades, 38
Sinais de alerta, 27
Sonolência, 39
Sorrindo, 68

Tendo consciência do movimento físico, 69

Caso você tenha alguma dúvida,
o autor terá o maior prazer em esclarecê-la.

KARIM KHOURY

E-mail: karim@karimkhoury.com.br

Site: http://www.karimkhoury.com.br

Facebook: https://www.facebook.com/karimkhourybr

Instagram: @karimkhourybr

YouTube: /KarimKhouryvideos

ADMINISTRAÇÃO REGIONAL DO SENAC NO ESTADO DE SÃO PAULO
Presidente do Conselho Regional: Abram Szajman
Diretor do Departamento Regional: Luiz Francisco de A. Salgado
Superintendente Universitário e de Desenvolvimento: Luiz Carlos Dourado

EDITORA SENAC SÃO PAULO

Conselho Editorial: Luiz Francisco de A. Salgado
Luiz Carlos Dourado
Darcio Sayad Maia
Lucila Mara Sbrana Sciotti
Luís Américo Tousi Botelho

Gerente/Publisher: Luís Américo Tousi Botelho
Coordenação Editorial: Ricardo Diana
Prospecção: Dolores Crisci Manzano
Administrativo: Verônica Pirani de Oliveira
Comercial: Aldair Novais Pereira

Edição e Preparação de Texto: Vanessa Rodrigues
Coordenação de Revisão de Texto: Janaina Lira
Revisão de Texto: Carolina Machado
Projeto Gráfico, Capa e Editoração Eletrônica: Antonio Carlos De Angelis
Coordenação de E-books: Rodolfo Santana
Impressão e Acabamento: Gráfica BMF

Nenhuma parte desta publicação poderá ser reproduzida, guardada ou transmitida de qualquer modo ou por qualquer meio, seja este eletrônico, mecânico, de fotocópia, de gravação, ou outros, sem prévia autorização, por escrito, da Editora Senac São Paulo.

Todos os direitos desta edição reservados à
Editora Senac São Paulo
Av. Engenheiro Eusébio Stevaux, 823 – Prédio Editora
Jurubatuba – CEP 04696-000 – São Paulo – SP
Tel. (11) 2187-4450
editora@sp.senac.br
https://www.editorasenacsp.com.br

© Editora Senac São Paulo, 2021